WESTEND

Cem Yildiz

FUCKING
GERMANY

Das letzte Tabu oder
mein Leben als Escort

WESTEND

Mehr über unsere Autoren und Bücher:
www.westendverlag.de

Die Deutsche Bibliothek verzeichnet diese Publikation in der Deutschen Nationalbibliografie. Detaillierte bibliografische Daten sind im Internet über http://dnb.ddb.de abrufbar.

Mix
Produktgruppe aus vorbildlich bewirtschafteten
Wäldern und anderen kontrollierten Herkünften
www.fsc.org Zert.-Nr. GFA-COC-001262
© 1996 Forest Stewardship Council

ISBN 978-3-938060-39-1
© Westend Verlag Frankfurt/Main
in der Piper Verlag GmbH, München 2009
Typografie und Satz: Fotosatz Amann, Aichstetten
Druck und Bindung: CPI – Clausen & Bosse, Leck
Printed in Germany

Inhalt

Einleitung
Auf der Besucherritze

Der Mann mit dem Tattoo auf dem Rücken, der vorne auf dem Buchcover abgebildet ist, das bin ich. Ich hatte Bedenken, mich zu zeigen, obwohl es in meinem Beruf ganz selbstverständlich ist, nicht nur das Gesicht, sondern auch die Genitalien öffentlich zur Schau zu stellen. Wenn auch nur im Rahmen der entsprechenden Internet-Communitys und Websites. Sie heißen erados.com, maleescorts.com oder auch gayromeo.com. Dort bin ich öffentlich einsehbar. Dort ist meine Mobilnummer angegeben, unter der ich für jedermann erreichbar bin, der einen Mann für gewisse Stunden sucht. Ich bin ein Escort, und wenn ich jedermann sage, dann meine ich damit, dass es meistens Männer sind, die mich anrufen, und nur in ganz seltenen Fällen Frauen. Der Alltag eines männlichen Sexarbeiters hat in der Regel wenig gemein mit jenem eines Richard Gere in *American Gigolo*. Meine Aufgabe besteht nicht darin, Ladys im Rentenalter zum Höhepunkt zu bringen, und mein Name ist auch nicht Helg Sgarbi, Frau Susanne Klatten habe ich leider nie kennengelernt, aber ich kann Ihnen sagen, dass ich mich mit ein paar Millionen weniger zufrieden gegeben hätte.

Ich bin kein Gigolo für Millionärinnen – und auch kein »Private Dancer«. Mich gibt es schon für hundert Euro die Stunde. Dafür gibt es den Vollwaschgang: Ficken-Bumsen-Blasen-Kommen, Wörter, die mein Handy glücklicherweise von alleine kennt, es wäre mühselig, das immer wieder neu schreiben zu müssen. Härtere Sachen wie Vergewaltigung, Demütigung und bizarre Quälereien kosten extra. Es gibt Escorts, die verlangen sogar hundertfünfzig Euro oder mehr – zumindest behaupten sie offiziell, dass sie so viel verlangen. Selbstdarstellung gehört für uns zum Geschäft: Selfmarketing, denn wir tragen unsere Haut beziehungsweise unsere Schwänze zu Markte. Nicht wenige halten natürlich auch ihren Arsch hin, aber die Kundschaft weiß in der Regel aktive, »richtige« Kerle zu schätzen. Im Gegensatz zu Frauen können wir uns nicht einfach hinlegen und während der Arbeit fernsehen oder aus dem Fenster schauen. Wir können auch meistens keinen Orgasmus vortäuschen. Ein richtiger Orgasmus wird erwartet, und seine Echtheit ist überprüfbar. In dem Punkt haben wir es schwerer, aber im Gegenzug haben wir auch meistens keinen Zuhälter an der Backe. Klar, der bringt seinen »Angestellten« vielleicht mal Pommes auf den Strich, man ist also trotz allen Nachteilen, die so ein Mitesser mit sich bringt, geschützt. Meine männlichen Kollegen vom Strich müssen sich, wenn sie nicht genug Geld haben, um sich etwas zu essen zu kaufen – und das ist relativ häufig der Fall –, einen »Frikadellenfreier« suchen, irgendeinen Typen, der sie über Nacht aufnimmt und vielleicht noch was Essbares im Kühlschrank hat – gegen Sex, versteht sich. Auch Bordelle, »House of Boys«, sind eher selten und wenn, dann nur in Großstädten zu finden. Wir arbeiten auf eigene Faust und auf eigene Rechnung.

Die fetteste Kohle machen natürlich die wenigen Luxus-Escorts, die sich auf Prominente spezialisiert haben, die allerhöchsten Wert auf Diskretion legen und dafür auch entsprechendes Geld auf den Tisch blättern. In Italien hat einer dieser Besserverdiener, ein ehemaliger Fußballer, im letzten Jahr trotzdem ausgepackt und erzählt, dass Italiens Topfußballer gern mal die Heterobastion verlassen: 1500 Euro verlange er für seine Dienste von seinen entweder gelegentlich oder ausschließlich dem männlichen Geschlecht zugeneigten Fußballkollegen, dreißig Kunden habe er aus dem Bereich, davon ein gutes Dutzend aus der A-Serie. Er selbst war zuvor in der italienischen Dritten Liga aktiv, was ihm bei seiner Arbeit sehr helfe. Wenn ein aktiver Profifußballer mit einer solchen Angelegenheit auffliegen würde, dann wäre das ein Riesenskandal, und die heile Männerwelt des Fußballs würde in sich zusammenbrechen – zumindest befürchten dies die entsprechenden Spieler, die sich – verständlicherweise – nicht trauen, ehrlich zu sein. Gesellschaftliche Liberalität hat eben Grenzen.

Nur wenige Escorts spielen in dieser Liga, aber insgesamt sind wir verdammt viele, besonders an der Stricherfront. Allein in Berlin schätzen Sozialarbeiter ihre Zahl auf dreitausend, dazu kommen noch rund sechshundert Escorts, also Edelstricher, Profis, die haupt- und nebenberuflich in der Branche tätig sind. Diese Zahlen beruhen auf der Arbeit von Stricher- und Sexarbeiterprojekten, die vor Ort versuchen, Kontakt mit den Kollegen aufzunehmen. Sie fahren zu Pornokinos, Autobahnrastplätzen und in nächtliche Parks, bieten den Jungs Kaffee und etwas zu essen an, um ihnen nebenbei ein paar wichtige Informationen zu ihrer Gesundheit zukommen zu lassen: Kondome schützen. Mag sein, aber die Freier mögen es natürlich lieber ohne. Da legt man noch ein bisschen drauf, und das war es dann mit dem Kondom. Die wissen in der Regel genau, was sie wollen: Frischfleisch. Die Jungs selbst wissen oft gar nicht so richtig, wo links oder rechts ist. Mittlerweile handelt es sich bei ihnen meistens um Migranten, der Wegfall der Grenzen in weiten Teilen Europas hat es ihnen möglich gemacht, Armut und Elend ihrer Heimatländer hinter sich zu lassen, um hier, umgeben von allen materiellen Annehmlichkeiten, in neues Elend zu stürzen. Manche von ihnen sind auch nur in Deutschland, damit sie zu Hause ihre Familien ernähren können.

Ein rumänischer Stricher, er ist gerade mal 24, hat mir neulich sogar die Fotos seiner beiden Töchter gezeigt. Sie leben in Arad an der Grenze zu Ungarn und warten darauf, ihren Papa mal wieder zu sehen. Doch der muss sich nachts im Park von fremden Kerlen im Dunkeln einen blasen lassen, damit sie zu Hause in Arat wenigstens einmal am Tag ein warmes Essen auf dem Tisch haben. Und weil es immer mehr von seiner Sorte gibt, muss er die Hosen häufig schon für zwanzig oder dreißig Euro runterlassen. Die immer größer werdende Kluft zwischen Reich und Arm spüren wir jedenfalls in unserem Gewerbe schon lange, die Wirtschaftskrise beschleunigt diesen Prozess aber noch. Das Angebot steigt, und die Herren von der Nachfrageabteilung, die Freier, wollen immer weniger zahlen. Es ist wie auf dem Viehmarkt, aber mit dem Problem steht unsereins ja nicht alleine da – mit dem Unterschied, dass bei uns niemand einen »Rettungsschirm« aufspannt und wir auch ansonsten eher nicht in den Genuss von Subventionen kommen. Wir sind Freelancer, wie sie im Buche stehen. Jeder für sich und Gott für uns alle.

Wir fallen aus jedem Raster. Auch, weil es uns männliche Sexarbeiter eigentlich gar nicht gibt, zumindest in der öffentlichen Wahrnehmung. Ganz im Gegensatz wiederum zu den Kolleginnen, die in regelmäßigen Abständen Auskunft im Fernsehen geben. Wenn eine Domenica aus Hamburg stirbt, dann ist das eine Meldung, die durch die Presse geht. Letztes Jahr gab es im *Stern* eine Titelstory »Wer verdient was in Deutschland«. Gleich auf Seite zwei der Story stand, dass »Angela« 3000 Euro im Monat verdient, einen Sohn hat, vormals im Sonnenstudio jobbte und Streetworkerin werden will. Klar, Prostitution eben, ist ja schon alles bekannt, Thema durch. Angela, die Prostituierte, neben Heiko, dem Unternehmensberater, und Dieter, dem Seelotsen, irgendwie Alltag, nicht? Aber ist es vorstellbar, dass der Stern »Raul« abbildet? Stricher, 22 Jahre, Zukunftsperspektive gleich null, Kundschaft: der situierte Mann aus der Mitte der Gesellschaft? Zum Thema weibliche Prostitution ist fast alles gesagt: Zwangsprostitution, WM-Bordell, Prostitutionsgesetz, »Bordsteinschwalben« als Touristenattraktion in Berlin-Mitte, die Herbertstraße in Hamburg. Folklore. Und das auch noch ganz legal, seitdem die rot-grüne Regierung das Prostitutionsgesetz durchgedrückt hat. Seitdem können »Sexarbeiterinnen« ganz unkompliziert an den Sozialsystemen teilnehmen, können für die Rente einzahlen und müssen Steuern abdrücken, so sie nicht schwarzarbeiten.

Sicher, irgendwie weiß man, dass es auch Männer gibt, die im Sexgeschäft tätig sind. Aber dabei denkt und dachte man eher an eine Art von Damenbegleitung, an die Zahnarztgattin eben, die sich aus lauter Langeweile mal was Fesches leistet. Ein Irrtum. Man hat irgendwann begonnen, sich ein wenig mit uns zu beschäftigen, als Aids aufkam. Damals wurden in Deutschland erstmals öffentliche Gelder lockergemacht, um bei unsereinem mal ein wenig nach dem Rechten zu schauen. Plötzlich waren wir nicht mehr nur unsichtbare Schattenwesen, die in den Grauzonen der Gesellschaft herumlungern, sondern gefährliche Virenschleudern, die die heilige deutsche Kleinfamilie bedrohen. Was, wenn das Familienoberhaupt sich während einer Mittagspause im Pornokino oder bei einer kurzen Rast auf dem Autobahnparkplatz mit HIV infiziert und dieses Mitbringsel an seine nichtsahnende Frau weitergibt? Die Stricher und Escorts – damals sagte man wohl noch eher Callboys – bewegen sich eben tatsächlich häufig in Grauzonen, also dort, wo es weder Heteros noch Homos gibt, sondern einfach Männer, die mit anderen Männern Sex haben.

Und davon gibt es mehr, als der »Normalbürger« denkt. Es sind Männer, die sich nie als schwul bezeichnen würden und zu deren Leben doch ganz selbstverständlich gehört, ab und zu einen Schwanz lutschen zu wollen, wenn ihnen danach ist – nicht jeder hat das Bedürfnis oder sieht eine Notwendigkeit darin, sich über seine Sexualität zu definieren. Es sind Männer, die aus anderen Kulturen nach Deutschland gekommen sind und die auf Sex mit Männern zurückgreifen, weil sie gewohnt sind, keinen Zugriff auf Frauen zu haben, solange sie nicht verheiratet sind. Es sind Männer, die zwar bisexuell sind, aber deshalb nicht auf ein geregeltes Familienleben verzichten wollen – und die keineswegs bereit sind, sich aufgrund ihres Begehrens zwingen zu lassen, ein völlig anderes Leben zu führen, also zwischen Darkroom, Travestie-Show und Eurovision Song Contest zu tingeln. Für viele von ihnen wäre es ein unvorstellbarer und anstrengender Horror, sich in eine solche Kiste stecken zu lassen, vielen von ihnen fehlt auch schlicht der Mut, sie selbst zu sein.

Es sind Männer, die genau diesem Klischee entsprechen, durchschnittliche Schwule über vierzig, die Schwierigkeiten haben, auf dem unentgeltlich florierenden schwulen Sexmarkt noch jemanden abzubekommen, der ihren Vorstellungen entspricht. Es sind Männer, die eigentlich gar keinem Klischee entsprechen, auch nicht dem schwulen, und die sich eine solche sexuelle Abwechslung von Zeit zu Zeit nicht entgehen lassen wollen – sie zahlen, so wie man für ein gutes Abendessen zahlt, völlig undramatisch. Es sind ältere und auch jüngere schwule Paare, die ihre Beziehung sexuell öffnen – aber nur in einem festgelegten Rahmen – und jemanden dafür gemeinsam bezahlen. Das schafft eine emotionale Distanz, die Eifersuchtsdramen von vornherein verhindert.

Und es sind solche Schwule, die eigentlich nur mit dem Finger schnippen müssten, aber keine Zeit haben, sich auf abendliche Männerjagd zu begeben. Oder die schlicht weder Zeit noch Lust haben, sich auf die im Vergleich zur übrigen Gesellschaft zwar niedrigschwelligen, aber manchmal auch nervtötenden und demütigenden Balzrituale der schwulen Szene einzulassen: stundenlanges Cruising oder Chatten im Internet, immer mit dem Risiko verbunden, am Ende abgewiesen zu werden, mehrfach.

Andere machen es getreu dem Motto aus der Werbung: »Weil ich es mir wert bin.« Sie kaufen sich jemanden, der exakt ihren Wunschvorstellungen entspricht und der ihnen das Programm bietet, das sie sich vorstellen. Ich gebe zum Beispiel den »authentischen« knallharten Türkenmacker von der Straße, der hat jetzt schon lange Konjunktur und wird immer noch hervorragend nachgefragt.

Meine Erfahrung ist, dass die Leute sich gerade nach klaren Ansagen sehnen. Sie wollen Führung. Die einen machen Fortbildungen und lesen Ratgeber, die anderen buchen mich, um mal vorübergehend zu wissen, wo es langgeht. So einfach ist das. Wenn man sich am Markt behaupten möchte, muss man sich diesen Strömungen und Modeerscheinungen anpassen. Eine Zeitlang, in den Neunzigern, waren Skinheads gefragt, heute sind es verstärkt Türkenmachos. Vielleicht hängt das mit den jeweiligen Angst- und Bedrohungsszenarien zusammen, die gerade durch die Köpfe der Menschen geistern. Vielleicht sollte ich mir mal einen Vollbart stehenlassen und auf islamistischen Bombenleger machen?

»Ausländer« sind jedenfalls in Deutschland anscheinend – Diskussionen um Fremdenfeindlichkeit oder Integration hin oder her – gerade sehr gefragt, wenn es um Sex geht. Das liegt zum einen am Angebot, zum anderen aber wohl auch daran, dass man hierzulande das Exotische mittlerweile schätzt. Sie wollen ja auch nicht immer nur Gulasch und Schnitzel essen, sondern zwischendurch gerne mal Döner, Spaghetti oder Sushi. Und während es hierzulande nicht mehr üblich ist, die Geschlechterrollen so ernst zu nehmen, wie es früher üblich war – Männer sind so, Frauen sind so –, verkauft sich »der neue Mann« auf dem Sexmarkt denkbar schlecht. (Davon abgesehen habe ich noch nie von einem anderen Metrosexuellen gehört als von David Beckham. Oder kennen Sie noch einen zweiten?) Dort sind klassische Rollenbilder gefragt, ähnlich wie bei den Kolleginnen, die im Winter als Skihasen am Straßenrand stehen und im Sommer High Heels zum kurzen Rock präsentieren. Das liegt auch daran, dass es im Bett schlussendlich ums Ficken geht, um das Begehren. Und nicht um Feuilleton- oder Seminardebatten. Ich höre mir manches davon gerne an und freue mich immer, wenn ich auf einen Kunden treffe, mit dem ich über interessante Themen diskutieren kann. Aber am Ende läuft es eben doch genau darauf hinaus, dass sie vor mir knien und meinen harten Türkenprügel lutschen wollen.

Natürlich wollen viele Männer nur das Eine – und das kauft man sich dann halt. Könnte es aber tendenziell sein, dass Männer, die Frauen kaufen, wahlweise nur Triebabfuhr oder Macht haben wollen, bumsen, bezahlen, tschüss, während sie bei Männern allzu oft dem verborgenen Wahn anhängen, endlich ihren Traumprinzen entdeckt zu haben, der sie zu allem Überfluss auch noch zurückliebt, wenn man sich nur gut genug kennengelernt, sprich, oft genug getroffen hat? Darüber hinaus sind die Jungs ja auch mit allen Wassern gewaschen. Ein lässig dahingeworfenes »und pass auf dich auf …« vorm Auseinandergehen reicht beim gemeinen Kunden schon aus zur genauso völlig naiven wie irrigen Annahme, man wäre irgendwie wichtig im Leben des anderen. Ist man ja auch, allerdings nur so, wie man es sich unter freiwilliger Ausschaltung sämtlicher Frühwarnsysteme und im Herbeiphantasieren baldigen Glücks nicht eingestehen will.

Eigentlich müsste man doch annehmen, dass Prostitution in unserer Zeit überflüssig geworden ist. Wir schreiben das Jahr 2009, dreißig bis vierzig Jahre nach der sogenannten sexuellen Revolution. Man könnte doch meinen, dass mittlerweile alle Menschen in der Lage wären, einfach ihre Sexualität zu leben. Die Zwangsmoral der Kirchen wurde zurückgedrängt, die Trennung von Staat und Kirche schreitet voran, die Menschen sind aufgeklärt durch die Schule, die Medien und natürlich das Internet. Oder stimmt das alles doch nicht so? Denn das Gewerbe ist keineswegs überflüssig geworden, es hat sich nur der neuen Zeit angepasst. Sexmarkt 2.0. Und noch immer gibt es eine Menge Menschen, die in dieser Sparte des Berufslebens Geld verdienen. Zum Teil auch einfach Geld verdienen müssen, weil sie sonst keine andere Möglichkeit sehen. Am Ende bleibt einem eben nur der nackte Körper.

Es ist total einfach geworden, Sex zu verkaufen: Man kann im Internet ein Profil einrichten, ein paar sexy Bilder einstellen und auf Kundschaft warten. Und wenn man gerade keine Lust oder Zeit hat, geht man einfach offline; »away« oder »nicht am Rechner« steht dann dort als Überschrift. Man kann dann stattdessen ins Kino gehen oder seinen anderen Jobs nachgehen – ich bin zum Beispiel nebenberuflich DJ. Damit nähere ich mich amerikanischen Verhältnissen an, denn dort ist es inzwischen üblich, mindestens drei Jobs zu haben. Ansonsten lebe ich in überschaubaren, vergleichsweise bescheidenen Verhältnissen. Ich habe eine kleine, schöne Zweizimmerwohnung und lebe im großen und ganzen so, wie man als Student oder junger Kreativer in Berlin eben so lebt. Man braucht hier gar nicht so viel Bares, um über die Runden zu kommen – arm, aber sexy! Wenn ich Geld brauche, bin ich einfach online – und auch wenn ich in der Stadt unterwegs bin, können mich die Kunden übers Handy erreichen. In dieser Zeit bin ich dann tatsächlich allzeit bereit. Und ja, das kann verdammt anstrengend sein. Aber müssen wir uns nicht alle besser verkaufen?

In meinem Fall kann das aber auch manchmal recht entspannt sein. Ich sitze auf der Couch und schaue mir die *Simpsons* an oder döse vor mich hin – und irgendwann macht es »pling«, und Kundschaft schneit über das Netz hinein. »Pling« oder »plong«, man kann auch ein Hühnergackern oder Schweinegrunzen als Benachrichtigungston einstellen zum Beispiel. Das lockert die Arbeit ein wenig auf. Warum auch nicht, immerhin melden sich auch Kunden, die »Almhütte« heißen oder »Geburtszange«. Häufig weiß man nicht und erfährt auch nie, wer diese Menschen im richtigen Leben sind, aber im Gegensatz zu früher, als das Geschäft noch über Zeitungsanzeigen lief, weiß man heute häufiger, was auf einen zukommt.

Aber nicht immer, denn viele der Leute haben kein Portraitfoto in ihren eigenen Profilen, wenn es sich um eine »Community« handelt. Andere schicken eine normale E-Mail, viele rufen einfach nur auf dem Handy an. Dann kann man nur an der Stimme erahnen, was für ein Mensch auf der anderen Seite ist. Es ist auch hilfreich, sich erst mal ein wenig allgemein zu unterhalten, dann weiß man in der Regel recht schnell, wo die Reise hingeht. Oft verschwendet man aber auch seine Zeit, weil die Kundschaft bloß spielen will, sich nicht sicher ist oder Angst hat. Dann chattet man ewig oder telefoniert, und am Ende bleibt die Hose tot – und das Portemonnaie leer.

Aber das ist immer noch besser, als irgendwo – wie früher üblich – richtig auf dem Strich zu stehen. So wie einst in Berlin in der Jebenstraße hinter dem Bahnhof Zoo. Es ist auch immer noch besser, als nächtelang in Stricherbars herumzuhängen, und auf Freier zu warten. Am Ende betrinkt man sich aus lauter Langeweile – und führt, wenn man Pech hat, elend lange Nonsense-Gespräche mit Typen, die sich dann am Ende für jemand anderen entscheiden oder einfach nur labern wollten.

Für mich wäre das nichts. Und außerdem bin ich schon zu alt für dieses Geschäft. Nicht wirklich, ich bin erst dreißig, aber Jungs in meinem Alter arbeiten in der Regel als Escort, das Geschäft auf dem Strich und in den Bars ist in der Hand der jüngeren Kollegen. Klar vermischt sich das natürlich. Auch die Jungen schalten Anzeigen im Netz, doch aufgrund der Sprachbarriere – Stichwort Osteuropa – sind sie dort naturgemäß nicht so gut aufgestellt. Wobei es inzwischen auch im Netz einen digitalen Straßenstrich gibt, zum Beispiel unter der Rubrik »Escort« bei homo.net, die früher viel treffender, da allgemeiner, »Profis« hieß. Dort tummelt sich alles, vom bulgarischen Jungstricher über den Vollprofi aus dem gehobenen Preissegment mit Geldnöten bis hin zum vierzigjährigen Hartz-IV-Gelegenheitsstricher, der zu dem Schluss gekommen ist, dass sein einziges verbliebenes Kapital sein überdimensional großer Schwanz ist – eine Qualifikation zumindest, die von keiner Arbeitsmarktumwälzung in Frage gestellt wird. Anfänger und solche, die noch davon träumen, Anfänger zu werden, findet man auch in digitalen Kleinanzeigen-Portalen wie kijiji – so wie man auch im kleinsten kostenlosen Anzeigenblättchen in der Provinz diskrete professionelle Sexangebote findet.

Vielleicht wäre das für mich sogar ein Zukunftsmarkt: die Provinz, denn dort ist das Angebot nicht so groß. Andererseits ödet man sich da womöglich zu Tode in Zeiten wachsender Mobilität. Sehr viele meiner Kunden kommen, um ihre Sexualität auszuleben, ganz einfach aus ihrem Kaff in die Großstadt gereist. Oder sie bestellen sich jemand aus der nächsten Metropole, der dann eben mit dem Auto anreisen muss. Das Benzingeld stelle ich extra in Rechnung – erst neulich war ich zum Ficken in einem Dorf bei Dresden. Zwei Stunden hin, halbe Stunde Sex, zwei Stunden zurück. In Dresden scheint es nicht allzu viele Escorts mit Kanaken-Appeal zu geben – oder der Kunde hatte die entsprechenden Angebote vor Ort schon »durch«. Gewiss hat man zum Teil Stammkunden, aber das Gros der Kundschaft setzt in der Regel auf Abwechslung. Weshalb man des öfteren den Standort wechseln muss, wenn am Ende des Monats die Kasse stimmen soll.

Wenn zum Beispiel irgendwo in Deutschland eine größere Messe stattfindet, werden in der »Escort-Szene« die Koffer gepackt. Ich schreibe das in Anführungsstrichen, weil es eben keine Escort-Szene gibt. Wir sind in der Regel nicht groß untereinander vernetzt, und es gibt entsprechend auch niemanden, der die Parole ausgibt: »Nächste Woche ist IAA in Frankfurt«. Aber ist einmal IAA – Internationale Automobil-Ausstellung –, klettert die Anzahl derer, die laut Profil in Frankfurt residieren, sprunghaft in die Höhe. Dann gibt's halt viel zu tun, wer hätte das gedacht?

Mein Eindruck aber ist, dass die meisten von uns unstete Wesen sind, die in den Tag hinein leben und sich treiben lassen – ein Terminkalender oder eine Jahresvorausplanung, das passt nicht so richtig dazu.

Wir sind fahrende Gesellen, eine meist gutaussehende Vagantenschar, die niemandem im normalen Leben auffallen würde, denn wir tragen keine albernen Hüte oder seltsame Handwerkerhosen. Aber ich glaube, dass nicht nur ich, sondern viele meiner Kollegen irgendwann mal ausgezogen sind, um der Schmied des eigenen Glücks zu sein – ohne geregelte Ausbildung, auf der Suche nach einem Leben, das am besten überhaupt ohne Regeln auskommt. Das ist die romantische Seite – das ist der Glamour.

Weniger romantisch ist das Schicksal all dieser ganz jungen Burschen, die oft ganz einfach aus materieller Not und in einem Zustand kompletter Perspektivlosigkeit in das Sexgeschäft kommen: Sie wissen in der Tat nicht, was sie tun. Weniger romantisch wird die ganze Angelegenheit allerdings auch, wenn man irgendwann in seinem Leben begreift, was man da eigentlich tut. Wenn einen die Ahnung überkommt, dass man am Ende vielleicht doch nicht nur das tut, was man möchte.

Geld. Am Ende geht es eben bei diesem Geschäft – wie bei allen anderen Geschäften auch – um Geld. Aber man verkauft eben nicht ein Talent oder eine erlernte Befähigung, sondern seinen Körper. Man verkauft seine Sexualität. Man verkauft etwas eigentlich sehr Intimes. Das ist ganz leicht. Und am Ende wohl doch sehr schwer.

Ich habe früher immer nur darüber gelacht, wenn ich die anderen habe reden hören oder wenn ich Filme im Fernsehen gesehen habe – Mord im Rotlichtviertel. Da war immer dieser sozialkritische Unterton. Da gab es beispielsweise Sozialarbeiterinnen, die versucht haben, völlig verzweifelte, drogenabhängige, kaputte Nutten – in seltensten Fällen mal Stricher –

»auf den rechten Weg« zurückzubringen. Und da gab es auf der anderen Seite auch die Moralapostel und Christenmenschen, die »Steine warfen« auf die Huren und Dirnen. Diese Reaktionen kannte ich natürlich auch. Aber ich fand das ziemlich albern damals. Als ich mein erstes Geld in einem Puff für Männer verdient habe, habe ich mich einfach nur über die Kohle gefreut. Später dann, in den Neunzigern, wurde plötzlich ganz anders über Prostitution geredet. Auf einmal wurde sie als ganz normaler Job angesehen, in der Diskussion ging es dann plötzlich um Rentenansprüche. Hätte nur noch gefehlt, dass man plötzlich gewerkschaftlich ausgehandelte Pausenzeiten gehabt hätte.

Mit der Wirklichkeit, unserer Wirklichkeit, vor allem die der Stricherkollegen, hatte und hat das rein gar nichts zu tun. Und mit diesem ganzen langweiligen Quatsch wollte ich nun nichts zu tun haben, aber die Idee, dass ich eben auch nur einen Job mache, meinen Job, die fand ich ganz gut. Jeder macht schließlich etwas – und möchte dafür anerkannt werden. Das ist in meinem Beruf natürlich so eine Sache, aber es wäre gelogen, wenn ich behaupten würde, dass ich mich immer stigmatisiert gefühlt hätte. Das stimmt eben nicht, jedenfalls nicht in meinem Umfeld. Wenn man jung ist und in der Berliner Clubszene unterwegs ist, dann ist es nicht unbedingt ein Schaden, Escort zu sein. Im Gegenteil, man kann sich damit sogar interessant machen. Die Leute finden das dann irgendwie abgefahren oder schräg oder cool.

Ob der Job, den ich mache, wirklich so cool ist? Sie dürfen dank mir mal durch das Schlüsselloch gucken. Sie sitzen sozusagen auf der Besucherritze und können sich selbst ein Bild machen. Ich nehme Sie mit in schicke Münchener Wohnungen und Hotels in Frankfurt am Main. Wir fahren zu brandenburgischen Seen und schlagen uns die Nächte in Berlin um die

Ohren. Und dann können Sie überlegen, ob das ein Job für Sie wäre – oder ob das alles wirklich so weit weg von Ihnen ist, wie Sie vielleicht denken. Vielleicht gibt es ja auch bei Ihnen stille Augenblicke, in denen Sie sich fragen, warum Sie in diesem Moment eigentlich gerade an diesem Punkt angekommen sind, wie es überhaupt dazu kam – und Sie auch nicht so genau wissen, wie man da nun wieder rauskommen soll.

Am Ende sitzen wir sowieso alle in einem Boot. Wir alle müssen funktionieren – und um funktionieren zu können, müssen wir im Rahmen unserer zeitlichen und finanziellen Möglichkeiten versuchen, unsere menschlichen Grundbedürfnisse so effizient wie möglich zu bedienen. Schlaf, häufig am unteren Ende des Minimums, aber doch ausreichend, um unsere Funktionsfähigkeit herzustellen. Nahrung in exakter Dosierung und Qualität, die einen Körper am Leben erhält, der weder in den Verdacht der Fettleibigkeit noch jenen der Essstörung gerät. Dann noch ein wenig Liebe, Glück und Geborgenheit obendrauf, vom Sinn des Lebens an sich jetzt mal ganz abgesehen. Und natürlich: Sex, der nicht nur ein banales Grundbedürfnis ist, sondern ein zentraler menschlicher Antrieb. Haben Sie Sex in einer Qualität, Dauer und Häufigkeit, die Sie als befriedigend bezeichnen würden? Haben Sie überhaupt Sex? Haben Sie Zeit für Sex?

Und das Wichtigste, ja, das Wichtigste überhaupt hätte ich jetzt beinahe vergessen: Fast alles, beinahe unser gesamtes Leben und Überleben, das alles hängt am Ende vom Geld ab. Sie gehen ja bestimmt auch nicht bloß zum Spaß arbeiten, oder?

1 Drei auf einen Streich

Mit Hotels verhält es sich so wie mit den Menschen: Irgendwas stört einen immer. Manche sind total teuer, aber dann sind die Vorhänge hässlich, oder die »Suite« entpuppt sich am Ende doch wieder als Abstellkammer. Ich war schon in so vielen Hotels, dass ich mich an die meisten nicht mehr erinnern kann, und habe dort mehr Menschen getroffen, als mir in stillen Momenten lieb ist, aber mit meinem Preis bin ich eigentlich nie wirklich runtergegangen. Egal, ob das Zimmer zwanzig Euro für eine Stunde oder vierhundert Euro die Nacht kostet, mich selbst gibt es erst ab hundert Euro.

Das mit der Erinnerung ist ein Problem. Ich möchte mich am liebsten gar nicht erinnern. Die letzten Monate , da gab es nie mal einen Moment, an dem ich Zeit gehabt hätte, nachzudenken, ich war immer unterwegs. In Berlin, Frankfurt, Hamburg, Zürich und sonst wo. Nachdenken schon gar nicht über das, was ich tue. Warum auch, denn die meisten Menschen, für die ich es tue, denken ja auch nicht darüber nach. Wollen sie auch gar nicht. Sie wollen ihren Spaß und Schluss. Ich bin für sie nur eine Phantasie, die so drängend ist, dass sie unbedingt wahr werden muss. Manchmal nur für fünfzehn Minuten, manchmal für eine ganze Stunde. So dringend, dass sie bereit sind, hundert Euro dafür zu bezahlen. Oder mehr, viel mehr. Aber das ist mir eigentlich auch egal, denn für mich zählen eigentlich nur die hundert Euro. Oder mehr. Und für die muss ich eben zur Phantasie werden. Für Männer und Frauen. Sie zahlen für Sex mit einem Mann. Einem richtigen Mann. Einem, der weiß, wo es langgeht, und der sich einfach nimmt, was er will. Ist heutzutage wohl eher selten geworden. Das ist auch kein leichter Job, und ich mache ihn gut. Ich bin erfolgreich. Und ich bin so gut, dass ich es mir leisten kann, die gleiche Telefonnummer zu haben, privat und beruflich in einem. Ich bin diskret, und da ist es ganz gut, dass ich mich sowieso nicht erinnern kann. Nicht erinnern will. So wie meine Klienten, es sei denn, sie wollen die Nummer noch mal durchziehen.

Dieser Typ neulich, ein Geschäftsmann, ein Versicherungsfritze oder irgend so was, der wird sich nicht mehr melden, aber das ist nicht meine Schuld, wenn er mit seinen Phantasien im richtigen Leben nicht klarkommt. Er hatte mich angerufen, und wir machten ein Treffen im Hotel aus, im Interconti in Berlin, er wollte seine Freundin mitbringen. Ich also hin, Auto im Parkverbot in der Budapester Straße geparkt, war spät dran und ganz schön unter Druck, weil schon der nächste Kunde in der Warteschleife hing, klar, ich mache die Termine und sage, wo es langgeht, aber das geht natürlich auch nur in gewissen Zeitfenstern. Aber immerhin, zwei Termine hintereinander in Berlin ist ungewöhnlich. Der Hartz-IV-Strich in der Hauptstadt hat das Arbeiten hier in meiner Heimat fast unmöglich gemacht. Der versaut die Preise, sind zu viele hier, sie leben auf Stütze oder sind selbstständig und gehen online, wenn sie mal wieder klamm sind. Gelegenheitsprostitution, aber die taugen eben auch nur gelegentlich was. Und Qualität kostet.

Ich also durch die Lobby zum Fahrstuhl, die Zimmernummer habe ich schon, und im Interconti würde ich mich mittlerweile auch bei Stromausfall zurechtfinden. Blind. Ich bin allein im Fahrstuhl, keine Leute mit Pilotenkoffern, keine Touristen, keine Business-Ladies im Kostüm. Nur ich. Ein hochgewachsener, schlanker junger Mann. Gutaussehend, höflich – allerdings vom Outfit her eher Neukölln. Die Ghetto-Nummer war von der Kundschaft eindeutig erwünscht. Der türkische Stecher, der rücksichtslose Proll, der die Freundin durchvögelt, während ihr Lover zuschaut.

An der Tür hängt schon das »Don't disturb«-Schild, aber ich bin ja extra bestellt worden, um zu stören. Ausnahmsweise klopfe ich also an, heute mal. Andere haben es gerne, wenn man ihnen die Tür schon zur Begrüßung ins Gesicht schlägt, aber das merke ich meistens schon vorher, und dann mache ich das auch so. So, wie ich will. Hier und heute weiß ich nur, dass der Typ will, dass ich seine Frau durchknalle.

Ich gehe also rein, sage hallo, wir setzen uns auf das Bett, ich in der Mitte. Erst mal was trinken. Ich nehme einen Jack Daniels aus der Minibar, das ist zwar nur eine kleine Pfütze, aber wie andere Leute auch muss ich erst mal warm werden. Sie sagt ebenfalls hallo und drängt sich näher an mich heran. Und ich glaube den beiden ihre Geschichte nicht, ich glaube eher, dass sie eine Nutte ist, die er ebenfalls bezahlt hat. Aber das geht mich nichts an. Das ist weder mein Job noch mein Problem.

Die Frau sieht ganz okay aus, der Typ eher belanglos. So dass man sich nicht erinnern kann oder muss, je nachdem. Sie ist blond und drall und riecht nach Drogerieparfum und Babyöl und reibt an meiner Hose. Ich reibe an ihren Brüsten. Und dann packen wir aus, und der Typ macht erst mal gar nichts und öffnet sich noch ein Bier aus der Mini-Bar.

»Ja, fick sie durch, die Schlampe«, grunzt er, und klar, mache ich.

Sie stöhnt ein bisschen, vielleicht ein bisschen zu laut, um echt zu sein. Er liegt jetzt neben uns, hat sich ebenfalls ausgezogen. Ich spüre seine kalte Hand, die meinen Schwanz berührt, immer in dem Moment, wenn ich ihn kurz rausziehe. Er nimmt meine Eier in die Hände, aber so, als hätte er das noch nie in seinem Leben gemacht.

»Fick sie, du geiler Bock«, sagt er gepresst, und es klingt, als hätte er das mal irgendwo in einem Pornofilm gehört. Doch plötzlich ist die Vorstellung im Pornokino für ihn zu Ende, und die Lichter gehen mit einem Schlag an.

»Ey, lass mich auch mal. Rutsch rüber!«

So wie er das sagt, ist das kein Pornofilm mehr, sondern Eifersucht. Den Albtraum, das Gehörntwerden, kann er im richtigen Leben dann doch nicht aushalten. Jetzt glaube ich das mit der Nutte doch nicht mehr. Sie ist wirklich seine Freundin, und er hat sie zu dieser ganzen Nummer hier überredet – mit welchen Mitteln auch immer. Bei fast allen Dreiern ist es so, dass meistens nur einer der Partner wirklich Lust auf so eine Nummer hat.

Ich bin froh, dass er meine Eier nicht mehr in der Hand hat, und spritze ab. Wenn ich abgespritzt habe, kann ich guten Gewissens gehen. Und ich will gehen, und zwar sofort. Der Typ vögelt sie, während ich mich rasch anziehe, ich lasse den benutzten Gummi auf dem Nachttisch und nehme das Geld, das dort liegt. Mein Geld. Die Summe, die jemand bereit ist zu zahlen für genau den Rahmen, der es ihm ermöglicht, mal einem anderen Kerl an den Schwanz oder an die Eier zu fassen. Eine heterosexuelle Kulisse, die das Ausleben von Bisexualität erst möglich macht. Ich habe mal irgendwo gelesen, dass wissenschaftlich feststeht, dass mindestens fünfzig Prozent aller Männer sich auch zu anderen Männern hingezogen fühlen. Sexuell. Ich brauche keine Doktorarbeit, um das zu wissen. Ist mir aber auch egal, interessiert mich null. Das Geld habe ich schon mal reingewirtschaftet, und ich muss auch schon wieder los, zum nächsten Termin. Unter diesem Gesichtspunkt ist es unpraktisch, dass ich abgespritzt habe, denn in ungefähr einer dreiviertel Stunde soll es schon weitergehen. Aber da darf man sich nicht unter Druck setzen, und ich lasse mich auch nicht unter Druck setzen. Und für Tage wie diese, oder auch, wenn man mal fünf Tage am Stück arbeitet, ist Viagra praktisch. Nicht eine ganze Tablette, davon bekommt man Herzrasen oder gleich einen Herzkasper. Ich knabbere da nur ein kleines Stückchen ab, aber meistens ist das gar nicht nötig. Es geht auch so. Also nicht, dass ich jemand wäre, der schon einen Ständer hat, wenn er bloß an Sex denkt. Ich denke eigentlich sowieso nie an Sex, wer will schon immer an seinen Job denken. Ich brauche meistens nur ein paar Berührungen, und dann klappt es – zuverlässig. Und beim Sex dieser Art, da denke ich meistens an Geld.

Der nächste Typ wartet auch in einem Hotel. Es ist das Westin Grand in der Berliner Friedrichstraße, ein Laden noch aus Ostzeiten, aber renoviert. In der Eingangshalle gibt es eine große »Titanic«-Showtreppe, aber die Zimmer sind von der Größe her meist eher so Mannschaftsdeck, sprich: klein. Doch der Typ, der mich über Gaycallboys, ein Internetportal, am Nachmittag angesprochen hatte, wartet in einer Suite. Geparkt habe ich kurzerhand vor dem Cookies, so ein Mitte-Club, dessen Eingang neben den Mülltonnen des Westin Grand liegt. Das ist so typisch Berlin, einen Hauch Underground vorspielen.

Dabei ist der wirkliche Underground immer noch ganz banal. Der gute, alte Sex. Auf der einen Seite sind Zeitungen, Fernsehen und Internet bis an den Rand voll mit Sex und Porno, schon Kleinkinder wissen aus der Talkshow, was eine Domina ist. Und gleichzeitig ist der tatsächliche, gelebte Sex, bei dem es um Körperkontakt und Körperflüssigkeiten geht, immer noch ein verlässliches Tabu. Etwas Geheimes, etwas, wofür man sich schämt. Und davon lässt es sich ganz gut leben in meinem Fall. Das älteste Gewerbe der Welt ist krisensicher, egal, ob es von Frauen oder von Männern ausgeübt wird. Nur dass man über die Männer meistens nichts weiß. Ich glaube, die Typen vom ZDF oder von anderen Medien, diese ganzen Journalisten und Produzenten, die da im Westin Grand absteigen, die wollen das auch nicht so gerne hören, schon gar nicht, wenn sie im fortgeschrittenen Alter ganz gerne mal dem jungen Hotelpagen auf den prallen Arsch schauen – oder mich anrufen, damit ich ihren versohle.

Aber es steht natürlich auch nicht jeder auf die krasse Tour. Der Typ, der in der Suite auf mich wartet, will eigentlich nichts Spektakuläres. Die Tür ist angelehnt, und ich gehe erst mal gleich nach links ins Bad, um mich frisch zu machen. Er sitzt bereits auf der Couch und hat den Fernseher laufen, den Hotel-Pornokanal. Sprechen ist problematisch, denn er ist Russe und spricht schlechtes Englisch, meines ist allerdings auch nicht besser. Schauen wir halt auf den Bildschirm.

»Good porn«, sagt er und grinst, was man kaum sieht, weil er einen Bart hat. Ein »Business-Man« sei er und aus Moskau. Aber der Zar ist tot und die Ehefrau weit. Er trägt einen Ehering, und ich erkläre ihm, so gut es eben geht, dass ich es nur ohne Ehering mache. Ich mag das einfach nicht. Ich finde, das ist Betrug, eine Lüge. Dann soll er wenigstens den scheiß Ring ausziehen. Er ist erst irritiert und macht dann aber, was ich sage. Natürlich macht er, was ich sage. Sie machen immer, was ich sage.

Im Hotel-Pornokanal wird gerade eine Brünette anal penetriert, ein anderer Typ steckt ihr zeitgleich seinen Schwanz in die Möse. Zwischen ihren Schwänzen ist jetzt nur noch ein dünnes, aber sehr wichtiges Stück Frau. Wenn dieser Damm nicht wäre, würden sie ihre Schwänze gerade aneinanderreiben, und das geht ja nicht.

Wir gehen rüber ins Schlafzimmer, ich lege mich auf das Bett und hole meinen Schwanz raus. Er legt sich zwischen meine Beine und fängt an zu lutschen. Sein Bart juckt ein bisschen an meinen Eiern, wenn er meinen Schwanz bis zum Anschlag in seinen Hals nimmt, als würde er am liebsten daran ersticken. Ich sage ihm, dass er sich hinlegen soll, und setze mich auf sein Gesicht, drücke ihm meinen Schwanz in den Hals, immer schneller, immer heftiger. Er gurgelt und würgt, stöhnt vor Geilheit.

Unmittelbar hinter mir höre ich ein flappendes Geräusch, es kommt nicht aus den Lautsprechern des Fernsehers. Während ich ihm in den Hals ficke, holt er sich hörbar einen runter, und als er kommt, merke ich das nur an meinem Schwanz, der von den Kontraktionen seiner Speiseröhre gequetscht wird. Gut, dass ich nicht abspritzen musste.

Mein Handy hat gerade geklingelt, ein neuer Kunde meldet sich per SMS, Donnerwetter, schon der dritte heute. Der Russe ist bedient, normalerweise leistet er sich wahrscheinlich von Zeit zu Zeit einen jungen russischen Soldaten in Moskau oder einer anderen Großstadt.

Ein Kollege von mir war neulich in Russland, er wurde extra eingeflogen, trotz der zahlreichen Konkurrenz. In Moskau gibt es einen Park, da stehen die jungen Soldaten reihenweise hinter den Büschen und lassen sich für ein bisschen Geld einen blasen. Weil sie sonst keine Möglichkeit haben, ihren Hungersold aufzubessern. Oder weil sie von älteren »Kameraden« gezwungen werden, sich zu prostituieren. Sie werden in der Kaserne vergewaltigt und währenddessen gefilmt und fotografiert. Die Drohung, diese Bilder an die Eltern zu schicken, reicht meist schon aus, um die Jungs gefügig zu machen. Lieber auf den Strich, als einer solchen Schande ausgesetzt zu sein.

Andere stehen genau darauf. Auf Vergewaltigung. Der Typ, der vorhin während der Nummer mit dem Russen eine SMS geschickt hat, will mich in einer Tiefgarage in der Nähe des Kurfürstendamms treffen, ich soll ihn am Eingang abholen. Normalerweise mache ich das nicht, einen Kunden treffen, ohne vorher Fotos gesehen zu haben. Ich bin kein Rekrut aus Moskau, der jeden nehmen muss, obwohl er das eigentlich nicht will. Ich mache nur, was ich wirklich will, alles andere macht einen kaputt. Aber jetzt läuft es eh gerade gut, ich bin irgendwie gut drauf und fühle mich leicht, im Fluss. Und wenn andere sich eben danach sehnen, sich meinem Willen zu unterwerfen, und ich das auch will, dann macht das weder mich kaputt noch den anderen, es sei denn, er ist es schon. Bleibende Schäden gibt es bei mir nicht, da ist die Grenze. Ich bin nur der Typ, der mal kurz das Ventil öffnet.

Er wartet am Eingang der Tiefgarage, ich blende ihn kurz mit meinen Xenon-Scheinwerfern, ein kurzer Vorgeschmack auf das, was nun kommen soll. Leiden will er – und wie. Na gut, kann er haben. Er steigt ein, ist im mittleren Alter, schwul, wirkt ganz gut in Schuss. Pumpt wahrscheinlich regelmäßig im Studio. Und macht mich schon kurz nach dem ersten Hallo von der Seite an.

»Bist du überfordert mit deiner großen Karre oder was? Du hättest fast den Pfeiler mitgenommen.«

Ich gebe Gas und schnauze ihn an: »Willst du etwa fahren, du dumme Schwuchtel?«

Die Reifen quietschen, erstes Untergeschoss, zweites Untergeschoss.

»Du lässt ja hier echt den Macker raushängen, was? Und am Ende ist dann wieder tote Hose, das kenne ich schon von Typen wie dir.« Er ist nervös.

»Wenn du ein paar aufs Maul willst, Alter, dann warte gefälligst, bis ich geparkt habe«, sage ich.

Und das bekommt er dann auch, als wir unten im dritten Tiefgeschoss angekommen sind: ein paar in die Fresse. Erst tue ich so, als ob ich ihm von links eine ballern will, doch dann bekommt er eine von rechts, dass es nur so klatscht. Es hallt richtig, die Tiefgarage ist fast leer, nur ein oder zwei verlassene Autos, kein Mensch.

»Du miese, kleine Schwuchtel!« Ich spucke ihm ins Gesicht und knalle ihm noch eine von links: »Dreh dich um!«

Er senkt den Blick wie ein kleiner Junge, der unartig war und Reue zeigen will.

»Zieh deine Hose runter und bück dich, du Dreckstück«, sage ich drohend.

Und dann ramme ich ihm meinen Schwanz in den Hintern, mit einem Ruck, doch er ist vorbereitet. Gut eingeschmiert mit Gleitmittel, so ganz die harte Tour will er dann doch nicht, es geht ihm weniger um den konkreten Schmerz als um die Angst, die er genießt. Allein mit einem Fremden in einer Tiefgarage, schutzlos. Allein mit einem aggressiven Heterotypen, also einem »richtigen Mann«, der ihn genauso behandelt, wie er sich fühlt, wie ein Stück Dreck, ein minderwertiges Stück Dreck. Trotz seiner antrainierten Muskeln und den auf Männlichkeit gebürsteten Casual-Klamotten.

»Aaaaaaaaaaaaaah«, schreit er, ein Schrei, der sich nach

Schmerz anhört und doch nichts als Lust ausdrückt. Wenn wir hier fertig sind, wird er wieder der selbstbewusste Homo sein, der in einer Agentur oder so was arbeitet, »kreativ« ist. Aber jetzt, für diesen Moment hier unten in der Tiefgarage, da kann er einfach nur so sein, wie er sich im Innersten fühlt. Deswegen sind wir ja hier.

»Was der Typ vor den Überwachungsmonitoren der Tiefgarage sich bei so einem Anblick wohl denkt?«, geht es mir durch den Kopf. Ich denke jedenfalls an Geld.

2 Problemtürkentum als Chance

Ursprünglich habe ich den Beruf des Konditors gelernt, wenn man mal davon absieht, dass ich diese Lehre nur fast zu Ende gemacht habe. Ich habe einen ordentlichen Realschulabschluss, und auch ansonsten lief eigentlich alles normal und nicht so, dass man jetzt im Nachhinein sagen könnte, dass sich mein Lebensweg zwangsläufig so ergeben musste. Ich verbrachte eine normale Kindheit in einem Berliner Vorort. Mein Vater hatte immer Arbeit, meine Eltern waren glücklich miteinander und sind es bis heute, ich besuche beide regelmäßig und kann mit ihnen reden. Und ja: Ab und zu habe ich als Kind auch eine Ohrfeige bekommen, aber das war's dann auch schon mit den sogenannten frühkindlichen Gewalterfahrungen.

Mit kühlem Blick betrachtet bin ich ein ganz normaler Westberliner Junge, ein Kind der Mauerstadt. Ich war zehn Jahre alt, als sie fiel. Und ehrlich gesagt ist das, was ich zu diesem historischen Ereignis sagen kann, nicht berauschend: Ich habe das alles seinerzeit kaum wahrgenommen, ich war noch ein Kind, und wirklich viel geändert hat sich dadurch für mich nicht in meinem Westberliner Stadtteil Buckow. Das war für mich zunächst eher ein Ereignis im Fernsehen. Und die ganze Problemabteilung »Migrationshintergrund« kann man in meinem Fall einfach mal außen vor lassen. Meine Mutter ist zwar Türkin, aber ich selbst war noch nie in der Türkei. Ich spreche auch kaum Türkisch, ich verstehe es ein wenig, aber mein Englisch ist wesentlich besser – und das ist, wie gesagt, auch nicht so toll.

Mittlerweile habe ich aus dem ganzen Problem Türkentum ganz einfach ein Geschäft gemacht. Die Leute haben Vorurteile und denken sich Gott weiß was aus in ihren Hirnen – dann sollen sie das eben auch bekommen. Was ich vielleicht anzubieten hätte, wäre, dass ich als Junge schon mal mit ein paar türkischen Jungs aus Kreuzberg BVG-Busse mit Graffitis verziert habe, wenn ich unterwegs war auf der Straße. Das war es dann auch schon mit der Ghettonummer. Im wesentlichen jedenfalls.

Bei so manchem »Gangster«-Rapper funktioniert das ja so weit ganz gut. Der Witz ist, dass ich zu Anfang meiner Karriere sogar gedacht habe, dass mir wahrscheinlich niemand den Volltürken abkauft. Ich habe mich deshalb als Spanier ausgegeben.

So verwirrend meine Identität für Außenstehende vielleicht wirkt, so verhält es sich auch mit meiner Sexualität. Sie ist nicht eindeutig, sondern vielfältig. Und für mich hat sie sich einfach so ergeben. Mit zwölf habe ich zum ersten Mal mit anderen Jungs in meinem Alter gewichst, wie das Jungs in dem Alter eben so machen. Dann habe ich gemerkt, dass mir die Schwänze der anderen Jungs immer noch gefallen haben, als diese das Interesse eher verloren. Und ich bemerkte, dass ich außerdem auch Frauen mag. Ich hatte nie ein Problem damit und auch nie Lust, mich deshalb in irgendeine Schublade steckenzulassen. Ich bin eben bi- oder multisexuell oder wie immer man es bezeichnen mag, aber deshalb muss ich noch lange nicht auf dem Christopher Street Day rumlaufen. Ich habe da einfach keine Komplexe, also muss ich auch nicht auf eine Demo.

Dass man mit Sex Geld verdienen kann, hatte ich damals noch nicht auf dem Schirm. Das wäre mir viel zu einfach erschienen, zu banal.

Gut, ganz so unkompliziert war meine Kindheit vielleicht doch nicht, wenn ich mir das rückblickend anschaue. Meine Mutter hatte meinen leiblichen Vater in Düsseldorf kennengelernt. Er war Personenschützer beim Bundeskriminalamt (BKA) und hat auch zeitweilig für die GSG 9 gearbeitet, worauf ich als Kind immer sehr stolz war – besonders wenn er ab und zu mit einem riesigen, gepanzerten S-Klasse-Mercedes von der Arbeit kam. In den Türen gab es Metallhalterungen für die Maschinenpistolen, die Fensterscheiben waren dick wie Schaufensterscheiben – und ich durfte mitfahren. Ich weiß noch, dass ich mich unglaublich sicher gefühlt habe und gleichzeitig stolz und aufgeregt war. Vielleicht kommt daher meine Vorliebe für dicke, schwere Autos. Nun ja, und genau genommen ist mein Vater ja auch ein Escort. Und gut sah er auch aus, ein dunkler Typ, eher wie ein Spanier als ein Deutscher.

Damals haben wir in Meerbusch gewohnt, einem Vorort von Düsseldorf. Ein- und Mehrfamilienhäuser, Backstein-Reihenhäuser. Und jede Menge Villen, denn in Meerbusch wohnen auch die ganz Reichen, Seite an Seite mit der Mittelschicht. Dort, in den kaum befahrenen Seitenstraßen von Meerbusch, habe ich Fahrradfahren gelernt, daran kann ich mich noch gut erinnern. Die ersten Runden habe ich auf dem Festplatz gedreht, dort, wo immer der Zirkus gastierte. Ein Vergnügen, an dem ich als Kind allerdings aufgrund einer Pferdehaarallergie nie teilhaben konnte. Ich musste ein Pferd nur von weitem sehen, schon bekam ich kaum noch Luft.

Genau erinnern kann ich mich auch an jenen großen Streit zwischen meinen Eltern, der dann der letzte von allen Krächen war: Mein Vater hatte am Küchentisch die Zeitung gelesen – es war ein riesiger Tisch aus hellem Holz –, und die Druckerschwärze hatte mal wieder auf die schöne Platte abgefärbt, worüber meine Mutter stinksauer war. Kurz danach ist mein Vater ausgezogen.

Meine frühe Kindheit, das war eigentlich ein ständiger Umzug. Ich kann mich kaum noch erinnern, wohin wir überall gezogen sind. In Leonberg bei Stuttgart waren wir, dann wieder kurz in Berlin, dann hier, dann dort. Es waren vier Umzüge insgesamt, aber im Nachhinein kommt es mir vor, als wäre ich im Zirkus aufgewachsen. Abbau, Aufbau, Abbau, Aufbau. Für mich bedeutete das, dass ich mir nach jedem Umzug neue Freunde suchen musste. Ich kam als Nichts in ein gewachsenes Umfeld, dort gab es Freundeskreise, feste Gruppen. Und ich war neu und ein Nichts. Aber ich ließ mir meistens etwas einfallen – man kann nicht erwarten, dass man selbstverständlich aufgenommen wird, das ist einfach nicht so. Als Neuer muss man sich anpassen. Ich weiß noch, dass ich mich einmal in der Grundschule in dem Schrank versteckt habe, in dem wir für den Sachkundeunterricht Bohnenkeimlinge gezogen hatten. Mitten in der Stunde sprang ich mit einem lauten Schrei aus dem Schrank. Bis auf die Lehrerin waren alle begeistert von dieser willkommenen Abwechslung, und von da an war ich akzeptiert. Die Leute mögen es, wenn man sie unterhält.

In dieser Wanderzeit hatte ich einen guten Freund, der mir noch in Erinnerung geblieben ist, er hieß Henning. Vielleicht erinnere ich mich auch nur an ihn aufgrund eines gemeinsamen Erlebnisses, das damals für mich eine existentielle

Wucht hatte. Wir hatten eine verletzte Amsel gefunden, sie hatte sich einen Flügel gebrochen. Wir wollten ihr helfen, sie retten. Also betteten wir sie auf Moos, das wir in eine Frisbeescheibe gepackt hatten, legten ihr Vogelbeeren an die Seite und einen kleinen Napf mit Wasser. Aber am nächsten Tag war sie trotzdem tot. Wir hatten unser Bestes getan, aber es war einfach nicht genug. Das war meine erste Erfahrung mit Hilflosigkeit. Mit Ohnmacht. Aber ich denke, dass ich in dieser Zeit auch sehr viel gelernt habe, auch wenn oder gerade weil es oft schwierig war für mich. Ich habe gelernt, auf Menschen zuzugehen, offen und flexibel zu sein.

Irgendwann hat meine Mutter meinen jetzigen Stiefvater kennengelernt, und wir zogen um nach Berlin. Plötzlich war meine Familie viel größer geworden. Ich hatte nun eine ältere (Stief-)Schwester und einen Bruder zusätzlich. Mein Stiefvater hatte eine Autowerkstatt, in der ich ab und zu auch rumhing, aber ich kann mich nicht erinnern, je wirklich heiß auf Rumschrauben und Ölwechsel gewesen zu sein. Aber Autofahren, das fand ich gut – und wir hatten natürlich immer tolle Schlitten, meine Mutter fuhr später sogar ein Mercedes-Cabriolet, einen SL 500. Den ich ihr dann später, mit sechzehn, an einem Nachmittag für eine Spritztour geklaut habe, aber das wäre jetzt vorweggegriffen.

Die Erinnerungen an meine Anfangszeit in Berlin sind verschwommen, aber es gibt einzelne Gegenstände, die ich aufgehoben habe und die meine Erinnerung stützen. Zum Beispiel eine Brille mit Sicherheitsbügeln und dem großen Pflaster auf dem rechten Glas, die liegt immer noch bei mir in der Schublade. Als ich noch klein war, wurde ich an den Augen operiert, ich hatte plus sechs Dioptrien. Und wie das so ist: Kinder sind nicht von Natur aus nett, und sie finden es erst mal nicht gut, wenn jemand anders ist oder irgendwie auffällig.

Aber ich habe früh gelernt, mir den nötigen Respekt zu verschaffen. Als ein Typ im Kindergarten meinte, mich andauernd runtermachen zu müssen, habe ich ihn mir geschnappt und an die Wand geschubst. Allerdings war ein Nagel in dieser Wand, genau an der Stelle, gegen die er mit dem Kopf geflogen ist. Er hatte ein tatsächlich ein Loch im Kopf – aber dafür wurde nicht ich, sondern der Kindergarten zur Verantwortung gezogen. Was hat auch ein Nagel in einem Kindergarten in Kopfhöhe kleiner Kinder zu suchen? Schon ganz früh habe ich gelernt: Du musst Grenzen sofort ziehen. Wenn du zu lange wartest, wird es immer schwieriger, sich die anderen vom Leib zu halten. Man wird dann unglaubwürdig, die anderen verlieren den Respekt, und dann musst du immer extremer gegensteuern, um überhaupt wieder Terrain zu gewinnen. Wenn du das nicht machst, steckst du ganz schnell im Treibsand. Und bist das Opfer. Immer wenn mir diese Brille mal zufällig in die Hände fällt, weil ich irgendein Papier suche, überkommt mich ein Gefühl der Erleichterung. Diese Schmach liegt nun längst hinter mir, aus dem hässlichen Entlein mit der bescheuerten Brille ist längst ein schöner Schwan geworden. Ein stolzer Schwan, der von vielen begehrt wird. Ich bin sehr froh, ich selbst zu sein. Aber man ist ja nicht mit sich allein auf der Welt.

Natürlich hatte ich auch Freunde, Marco und Mike. Mit denen hing ich rum, wir spielten Volleyball wie die Verrückten, hatten immer die Arme und Beine voller blauer Flecken, klar, wenn man auf dem Asphalt spielt und sich das Spielfeld mit Kreide auf den Parkplatz oder die Straße malt. Außerdem vertrieben wir uns die Zeit mit Gameboyspielen und ähnlichen Sachen, oder wir hingen in der Aue rum. Das war ein Stück Natur in der Großstadt mit einem Teich und einem Maisfeld, das fand ich immer schön.

Aber alles in allem war ich immer eher ein Einzelgänger. Ich habe lieber allein Playmobil gespielt zum Beispiel. Mit dem Piratenschiff auf großer Fahrt, das waren so meine Traumwelten, da brauchte ich niemanden, der mitträumt. Das funktioniert ja auch in der Regel nicht.

Als es dann mit der Pubertät losging, wurde das natürlich noch extremer. Ich zog mich mehr und mehr zurück in meine eigene Welt. Und die bestand zum Beispiel aus botanischen Lehrbüchern und Tierlexika. Meine Großmutter war Botanikerin und hatte einen riesigen Garten, in dem ich mich oft aufhielt. Sie wohnte nicht weit von uns, und ich machte dann einfach immer bei der Gartenarbeit mit. Sie brachte mir auch vieles bei. Heute lebt sie in Straßburg, nach zwei Schlaganfällen. Der Kontakt ist ziemlich eingeschlafen. Zum Geburtstag rufe ich noch an. Pflanzen liebe ich immer noch, auch wenn ich nicht unbedingt einen grünen Daumen habe. Sie gehen mir regelmäßig ein, aber das liegt vielleicht an meinem Lebenswandel. Man muss sich um Pflanzen nun mal regelmäßig kümmern, sonst wird nichts draus. Regelmäßig!

Dass meine Sexualität ein wenig anders gelagert ist, hat man mir als Kind nicht angemerkt. Meine Familie hatte das dann im Laufe der Pubertät zwar schon auf dem Schirm, aber für die war das überhaupt kein Thema, es wurde ignoriert, im Guten wie im Schlechten. Was allerdings eben auch bedeutete, dass ich mit niemandem darüber gesprochen habe beziehungsweise sprechen konnte. Oder sprechen wollte. Entgangen ist ihnen das auf keinen Fall. Mein Cousin zum Beispiel hatte immer so eine fette Beule in der Hose, ich konnte gar nicht anders, als darauf zu starren. Aber: kein Ton. »Man kann alles essen, aber nicht alles wissen«, das ist so ein Spruch, den ich von meiner Mutter von klein auf gehört habe. Heute denke ich, besser noch: Man könnte alles wissen, aber sollte nicht alles essen. Statt mir also irgendwelche Gedanken zu machen, habe ich eigentlich permanent gewichst. Permanent. Und mir dabei Kerle vorgestellt. Ich hatte *Top Gun* gesehen, und da gibt es diese Szene, wo Tom Cruise und seine Fliegerkameraden mit nacktem Oberkörper Volleyball spielen. Von nun an war klar, auf wen ich mir einen runterholte. Und von da an wollte ich genauso werden wie diese Typen: Ich fing an, meinen Körper zu trainieren – im Alter von elf oder zwölf! Hanteln stemmen und all das. Warum das so war, konnte ich mir natürlich nicht erklären.

Aber ich nahm wohl wahr, was den Jungs passierte, denen man auf den ersten Blick ansah, dass sie anders gepolt waren. Sie wurden geschlagen, bespuckt, gehänselt. Einem versteckten sie während des Sportunterrichts sämtliche Klamotten, als er in der Dusche war. Und beim Brennball warfen sie ihm den Ball immer voll ins Gesicht. Einem anderen schütteten sie im Unterricht ständig »Capri Sonne« von hinten in den Pullover. Eingeschritten bin ich damals nicht, aber ich hielt mich fern – sowohl von den Opfern als auch den Tätern. Ich war ein Kind.

Heute würde ich ganz anders reagieren. In letzter Zeit werden ja wieder verstärkt Homos zusammengeschlagen, bedroht und blöd angemacht. Wenn ich so was mitbekomme, raste ich aus. Aber wahr ist auch: Solche »Opfer« muss es wohl geben, denn wenn es überhaupt keine auffälligen Homos gäbe, keine solchen Zwischenfälle, würde wohl nie bekannt werden, dass Schwule eben doch noch immer eine Menge Probleme haben.

Ich meine: Warum wollen viele meiner schwulen Kunden schlecht behandelt werden? Weil sie es nicht anders kennen oder eben gar nicht erst anders wollen. Und warum können viele meiner Kunden nicht dazu stehen, dass sie – auch oder ausschließlich – auf Männer stehen? Wenn die Welt so in Ordnung wäre, wie man manchmal in den Zeitungen liest, wäre das ja wohl nicht nötig. Und so lange ist meine Kindheit nun auch nicht her, ich kann mir nicht vorstellen, dass es eine solche Form des Mobbings auf den Schulhöfen von heute nicht mehr gibt, im Gegenteil.

Ich passe in diese Homo-Schublade jedenfalls nicht rein. Das sind doch alles nur Klischees: Schwuchteln sind alle so und so, spreizen den Finger ab, kreischen, sind Weicheier, stehen auf alte Schlagersängerinnen, sind beruflich erfolgreich und sehen gut aus. Wenn man nur mal vom Letzteren ausgeht, kann ich bezeugen, dass das zwar manchmal stimmt, aber nicht die Regel ist. Ich habe diese Nummer einmal mitgemacht, und das war auch ganz interessant. Das war aber viel später. Ich hatte eine Wette verloren, und das bedeutete, dass ich als Vampir verkleidet durch den Schöneberger Kiez touren musste. Ich hatte mir dazu eine Perücke übergezogen und mich geschminkt. Und klar, wir waren natürlich alle total drauf und daneben. Interessant war dabei für mich allerdings nicht, in die Rolle einer Frau zu schlüpfen, sondern etwas anderes. Mit den Klamotten und der Perücke sah ich eher aus wie ein androgyner Vampir, so ein bisschen wie Tom Cruise in *Interview with the Vampire*, und das hatte was. Sehen Sie sich den Film doch mal an. Der ist noch homoerotischer als *Top Gun*.

In meinem Fall war es ja auch nicht so, dass ich mir nur auf einen bestimmten Schauspieler einen runtergeholt habe, sondern eigentlich auf Männlichkeit – aber eben nicht ausschließlich. Am Ende hat jeder Mensch – meiner Erfahrung nach – seine ganz eigene, persönliche Sexualität. Wobei man ja heute fast lachen muss, wenn man den Film *Top Gun* sieht. Er ist nicht nur eine Art Werbespot für die US-Navy, sondern auch dermaßen verklemmt homoerotisch, dass es kracht. Ständig verschwitzte, muskulöse Kerle, die aufeinanderhängen und sich scharf finden, aber das Eigentliche bleibt natürlich unausgesprochen. Aber dennoch dürfte sich im Kino bei mancher Szene in der einen oder anderen Jeans etwas geregt haben, während die Freundin im Nebensitz Popcorn kaute.

Am Ende kann niemand kontrollieren, welche sexuellen Phantasien in jemandes Kopf rumschwirren, kann niemand kontrollieren, auf wen oder was sich der Freund oder Ehemann einen runterholt, wenn er alleine ist. Meine erste Liebe war dann auch nicht Tom Cruise, sondern Alexandra aus dem Bio-Kurs. Sie mochte Madonna, hatte langes, schönes Haar und roch immer gut. Dank ihr musste ich nicht mehr wichsen, weder allein noch mit den anderen Jungs.

Das waren noch Zeiten. Damals war ich auch noch gut in der Schule. Ich hatte sogar einen Lateinkurs belegt. Die lateinischen Tier- und Pflanzenbezeichnungen hatte ich bereits aus den Büchern gelernt, also war mir die Sprache nicht mehr fremd. Und außerdem hatte ich beschlossen, später mal Arzt zu werden. Ich wollte anderen Menschen helfen. Und fand natürlich auch die Vorstellung gut, viel Geld zu verdienen, ein dickes Auto zu fahren und ein angesehener Mann zu sein.

Arzt bin ich nun nicht geworden, und wenn ich mir die Wirklichkeit heute anschaue, muss ich feststellen: So dicke haben es die Ärzte ja auch nicht mehr, besonders wenn sie in einer Klinik arbeiten. Immer Stress und eine irre Verantwortung – und im Vergleich dazu wenig Kohle.

Damals hatte ich jedenfalls irgendwann andere Dinge im Kopf als Lernen, Latein interessierte mich nicht mehr so, »Ceterum censeo Carthaginem esse delendam« (im übrigen bin ich der Meinung, dass Karthago zerstört werden muss). Und ein Kind, das sich langweilt, stört den Unterricht. Im Lateinunterricht habe ich das so lange betrieben, bis mir der Lehrer eine geballert hat mit den Worten »du Scheißsklave«. Das mit dem Sklaven bezog sich vielleicht wirklich nur auf den Text aus dem alten Rom, den wir gerade lesen mussten, aber mir hat das gereicht: Ich habe ihm eine zurückgeballert. Das ging so weit gut und hatte keine weiteren Folgen für mich. Ganz einfach, weil er ja auch nicht schlagen durfte. Aber trotzdem war das ein Wendepunkt. Den Lehrer hatte ich nicht gemocht, aber durch einen Zufall lernte ich auf der Straße einen Typen kennen, den ich irgendwie cool fand, vor dem ich Respekt hatte. Ein Türke, vielleicht so um die dreißig wird er damals gewesen sein oder jünger. Wir kamen ins Gespräch, rauchten eine Zigarette zusammen. Dann lud er mich auf einen schwarzen Tee in einem türkischen Restaurant ein und kam mit einem für mich ziemlich überraschenden Vorschlag. Nämlich der Frage, ob ich nicht Lust hätte, in seinem Auftrag Haschisch zu verticken. Die Ware käme über ihn, ich würde das Zeug in meinem Umfeld für einen höheren Preis verkaufen, und der Gewinn sei für mich. Klar, ohne Vertrag, sondern besiegelt mit einem Handschlag unter Männern. Kein Bescheißen, keine krummen Dinger, alles eine Frage der Ehre. Der Typ war auch im Folgenden immer korrekt zu mir. Und ich zu ihm. Ich mochte ihn sehr gerne, und zwar nicht, weil ich mit ihm ficken wollte, sondern weil er mich mit Respekt behandelte, mich ernst nahm. Er hat mich wie einen Erwachsenen behandelt – wie einen Mann.

Das war natürlich noch ein verhältnismäßig bescheidenes Geschäft. Ich war Kleinstdealer, der ein bisschen Haschisch in der Schule und abends im Jugendclub verticht hat. Aber für mich war das damals etwas Großes. Ich hatte ohne allzu großen Aufwand plötzlich Geld. So viel, dass ich über das Taschengeld meiner Eltern eigentlich nur noch lachen konnte. Durch das Dealen sprudelte es einfach so in meinen Taschen, und ich konnte mir kaufen, wozu ich Lust hatte. CDs, Klamotten.

Und so war ich nicht mehr der Kleine mit der komischen Brille, der ruhige, zurückgezogene Cem, der zu Hause in Pflanzenbüchern stöbert und es geil findet, Latein zu lernen. Ich meine, hey: Ich war der coole Dealer, einer, der Kontakt mit schweren Jungs hat und weiß, was läuft. Und so kam dann eines zum anderen. Hat man ein Image, ist man wer, bekommt Einladungen und so weiter. Aus dem kleinen Cem wurde irgendwann der coole Cem: Party machen, tanzen, rumhängen mit den anderen Kids. Und wie erwähnt: Mal eben Muttis Mercedes ausleihen. Das hat alles unglaublich viel Spaß gemacht. Und was sollte mir schon passieren? Mir ist auch nichts passiert.

Aber irgendwann habe ich instinktiv mit dem Dealen aufgehört. Ich hatte schon damals einen guten Riecher: Die Lehrerschaft war aufmerksam geworden, und wenn ich noch ein bisschen weitergemacht hätte, wäre ich womöglich aufgeflogen. Dieses Kapitel war dann mit einem Schlag vorbei. Und damit auch der Kontakt zu meinem brüderlichen Freund Mustafa.

3 Die extraschlanke Exklusivität

Nach der Schule wollte ich dann eher was Kreatives machen, ein Handwerk lernen, bei dem man am Ende nicht nur irgendwo rumsteht und stupide Arbeit leistet – der Plan, Abitur zu machen, war zu diesem Zeitpunkt längst im grünen Nebel verschwunden. Dann kam ich recht bald auf die Idee, mich bei einem Bäcker in Neukölln zu bewerben. Ich ging einfach hin mit meinen Papieren, um mich zu vorzustellen, und anschließend hatte ich die Stelle.

Das war auch wirklich interessant, und ich habe insgesamt zweieinhalb Jahre durchgehalten. Ein Wunder eigentlich, denn zu dieser Zeit war ich schon so heftig im Nachtleben unterwegs, dass ich ziemlich häufig direkt von einem Club oder einer Bar in die Backstube kam. Morgens um vier. Mein Chef, ein Schwuler, war zwar ein cooler Typ, aber er war auch streng. Das heißt: Ob besoffen oder sonst wie drauf, der Schrippenteig musste zubereitet werden, die Schusterjungs geformt und der Zupfkuchen angerührt werden. Jeden Morgen, fast noch mitten in der Nacht. Und das habe ich dann auch alles gemacht, ganz egal ob ich grün im Gesicht war oder fast hintenüber gefallen wäre vor Müdigkeit.

Ich pennte zu jener Zeit immer nachmittags irgendwo bei Freunden auf Matratzen oder auf dem Sofa in der Küche, nur manchmal bei meiner Familie zu Hause, damit ich abends wieder fit war, um ausgehen zu können. Ich war superjung, und in Berlin war die Hölle los, und ich wollte mir das alles nicht entgehen lassen. Nichts verpassen. Habe ich auch nicht. Weder im Club SO 36 in Kreuzberg noch im KitKatclub, dem E-Werk oder in den damals überall in Kellerlöchern wuchernden illegalen Clubs im Ostteil. Abends Freunde treffen, um sich gemeinsam ein bisschen hochzupuschen, zu quatschen und lauter Zeug zu reden – schon in der Vorfreude, dass es bald abgeht. Dann irgendwann ging es los, zu Fuß durch die noch immer von der Sonne aufgeheizten Straßen, übervoll mit Leuten, die auch noch was vorhatten, etwas erleben wollten, und zwar hier und jetzt, heute nacht. Erst unter dem Sternenhimmel, und wenn man den – wie häufig in Berlin – nicht so richtig zu sehen bekommt, weil die Stadt selbst zu viel Licht produziert, dann später in diversen Clubs und Diskos im Stroboskopgewitter mit geiler Musik, mit Bässen und Beats, die schneller sind als der eigene Herzschlag. Schneller. Schneller. Noch eine Ecstasy-Pille werfen. Noch eine Nase ziehen. Von wegen nur eine Party.

Ich wollte das Leben voll auskosten! Und was braucht man zum Leben? Geld. Mit den paar Kröten vom Bäckermeister kam ich auf Dauer nicht weit. Und mit einer Dose Beck's vom Dönerimbiss vor dem Club rumzuhängen kann im Sommer ganz nett sein, im Winter eher weniger. Schon gar nicht, wenn man da rumsteht und alle anderen an einem vorbeimarschieren. Was weiß ich, woher die immer Geld hatten. Studenten mit ihrem monatlichen Scheck von den Eltern, Schüler mit wer weiß wie viel Taschengeld aus Zehlendorf. Keine Ahnung.

Irgendwann hing ich dann nachmittags rum, bei einem Freund in der Küche. Draußen war Herbst, ich war gerade aufgewacht – es war ein Freitagnachmittag, die Arbeit war getan, und ein langes Wochenende lag vor mir. Und ich war pleite. Ich blätterte in der *tip* herum, einem Berliner Stadtmagazin, und landete irgendwann hinten bei den Kleinanzeigen. Die sind immer ziemlich witzig. Was die Leute da alles verticken: Von der Eckkneipeneinrichtung über Zwergpudel bis hin zur S&M-Session. Bisher hatte ich meistens eher darüber gelacht: »Dominante Rubens-Frau zeigt Dir, wo es langgeht. Nur bei mir im Studio.« Aber dann stieß ich auf eine Anzeige, die ich zuvor noch nie gesehen hatte: »Boys-Club in Berlin-Mitte sucht gutaussehende junge Männer«.

Jung war ich. Gerade mal siebzehn. Und gutaussehend? Ob Männer oder Frauen, ich wusste schon damals, dass ich den Leuten gefiel. Ich merkte das an ihren Blicken und der Aufmerksamkeit, die sie mir schenkten. Das hat mir damals sehr gefallen, denn wenn man noch nicht so genau weiß, wer man eigentlich ist, schadet es nicht, wenn man immerhin das Gefühl hat, dass man anderen nicht egal ist. Und Sex, ja, den hatte ich damals schon drauf. Um zu wissen, wie Sex funktioniert, musste ich nicht erst eine Lehre machen, das hatte ich mir selbst schon hinreichend beigebracht. Nichts Krasses oder so, erst mal normal.

Aber damit auch noch Geld zu verdienen? Warum eigentlich nicht? Weiter dachte ich damals darüber nicht nach. Wichtiger war mir eine Cluberöffnung, zu der ich am Samstag wollte – Eintritt zwanzig D-Mark, und leider hatte es nicht geklappt, dass ich auf der Gästeliste eingetragen wurde.

In der Anzeige stand eine Telefonnummer, und ich zögerte nicht lange, zündete mir noch eine Zigarette an – und rief einfach an.

»House of Boys, guten Tag«, meldete sich eine freundliche, männliche Stimme nach nur zweimal Klingeln.

Mein Herz klopfte, ehrlich gesagt, schon ein wenig, aber das versuchte ich mir natürlich nicht anmerken zu lassen.

»Hey, hallo, ich hab' eure Anzeige in der *tip* gelesen. Wie sieht's denn so aus bei euch, hätte vielleicht Interesse. Wie is'n das mit der Bezahlung?«

Kein Zögern am anderen Ende, immer noch freundlich kam es zurück: »Was machst du denn gerade, hast du Zeit? Dann komm doch einfach vorbei, wir sind in Mitte, Novalisstraße, kennste die?«

»Na klar«, antwortete ich, »kann so in ein bis zwei Stunden da sein, wenn mir nichts dazwischenkommt, bis dann.«

Eigentlich hatte ich überhaupt keine Ahnung, wo nun diese Novalisstraße sein sollte, so vertraut war mir der Ostteil der Stadt damals nicht. Aber so war ich eben: immer weiter, immer nach vorn, einfach machen und nicht blöd quatschen. Wenn man keine Orientierung hat: Es gibt Stadtpläne, und irgendwo kommt man ja immer an, wenn man immer geradeaus geht. Was soll schon passieren?

Ich also hin, mit dem Fahrrad, hätte mich dabei fast noch auf die Fresse gelegt wegen der Straßenbahnschienen, also auf genau die Fresse, mit der ich doch Geld verdienen wollte. Dann bin ich noch falsch abgebogen, nur geradeaus ging es eben doch nicht. Aber irgendwann stand ich schließlich vor dem Altbau in der Novalisstraße, nassgeschwitzt in meinem Raiders-Anorak. An der angegebenen Adresse befand sich eine Berliner Mietskaserne, draußen gab es noch Einschusslöcher aus dem Krieg, und drinnen im Treppenhaus war es kühl und roch muffig, der typische Berliner Geruchsmix aus feuchtem Kellergewölbe, Sauerkohl und gebohnertem Linoleum, überall im Flur waren Fahrräder angekettet.

Ich schloss auch meines an, während eine Mieterin, eine ältere Dame, sich an mir vorbeidrückte. Ich grüßte lässig, so als ob ich hier einen Freund besuchen würde oder auf dem Weg zum Nachhilfeunterricht sei. Aber sie schaute mich trotzdem irgendwie schräg von unten an, die linke Augenbraue hoch geschminkt, drängte sich vorbei in Richtung Keller, wohl um Kohlen zu holen oder irgendwas anderes. Ob sie mehr darüber wusste, was sich hinter der Tür im obersten Stock links abspielte? Vielleicht mehr als ich?

Oberster Stock, ich klingele. Der Typ mit der freundlichen Stimme, ich erkenne sie gleich, sagt: »Hallo«, und tritt einen Schritt zurück, um mich hineinzulassen, dann schließt er die Tür hinter mir. Die Wohnung ist groß, viele Türen gehen von dem langgezogenen Flur ab, von hinten links hört man einen Fernseher quäken, überlagert von Gelächter und Stimmengewirr. Stimmen junger Männer. Immer einen Tick zu laut, sowohl das Lachen als auch die Worte, laut genug, um die eigene Unsicherheit zu übertönen – aber so habe ich das damals natürlich nicht gesehen.

Wir gehen in das Zimmer, aus dem das Lachen kommt, drei Jungs sitzen dort, einer ist etwas älter als ich, so Mitte zwanzig vielleicht. Aber nicht er lacht, sondern die beiden anderen Typen, in meinem Alter, hübsch. Der ältere ist weniger ansehnlich, er starrt grimmig in die Glotze. Peter mit der freundlichen Stimme bittet mich, Platz zu nehmen. An der Stirnseite des Raumes steht sein Schreibtisch mit Computer und Telefon. »Die Puffmutter«, denke ich.

Peter erzählt mir, wie es läuft. Man wartet hier im Raum, kann fernsehen, die Kunden kommen und suchen sich einen Jungen aus, und dann kann man gleich in eines der vier Schlafzimmer gehen, wenn es passt. Ich bekomme hundert, er zwanzig als Provision. Dann gibt es noch die Outcalls, das heißt,

Typen melden sich auf die Anzeigen, und man fährt zu ihnen hin. Mit dem Taxi, das der Kunde bezahlen muss, hin und zurück. Das alles organisiert Peter.

Drei Tage später hatte ich meinen ersten Arbeitstag. Peter zeigte mir als erstes die Anzeige, die er für die diversen Stadtzeitungen entworfen hatte, eine Anzeige, die für mich persönlich warb:»Eine extraschlanke Berliner Exklusivität«. Ich hatte in einer Tasche verschiedene Klamotten mitgebracht, so wie Peter es mir gesagt hatte. Verschiedene Unterhosen und Sportkleidung unter anderem. Ich saß erst mal mit den anderen auf der Couch, es lief irgendein ein Vorabendprogramm. Ich fragte einen der beiden Jüngeren, der die ganze Zeit Erdnussflips in sich reinstopfte, nach dem Grimmigen, der auf einem Outcall war.

»Ach der, das is'n Hetero. Lässt sich aber in den Arsch ficken, wahrscheinlich hat er deshalb immer so schlechte Laune«, antwortete er und kicherte.

Ich sagte dazu erst mal nichts, nahm mir auch ein paar Erdnussflips und glotzte. Rauchte eine Zigarette. Noch eine. Bis es irgendwann an der Tür klingelte. Peter kam mit einem Typen rein, der wie ein Lehrer aussah, graue Haare, einen leichten Bauch, Brillenträger. Kein Monster, sondern halt ein ganz normaler Typ, wie er überall auf der Straße rumläuft oder im Kaufhaus oder in einer Behörde. Der heftete gleich seine Augen auf mich – sprach irgendwas mit Peter. Was, konnte ich nicht richtig verstehen. Ich stand dann einfach auf, so wie ich es bei den anderen gesehen hatte, um ihn zu begrüßen.

»Hallo«, sagte er,»du gefällst mir, hast du Lust?«

Ich nickte:»Klar.«

Peter schickte ihn schon mal in eines der Zimmer vor und nahm mich kurz beiseite.

»Der steht auf Turnhosen«, flüsterte er,»hast du eine mit?«

Hatte ich, weil er mir ja extra gesagt hatte, dass ich so was mitbringen soll. Ich ging also schnell in eines der anderen Zimmer und zog die Turnhose an, nichts darunter und darüber, noch ein weißes T-Shirt, Sneakers, fertig.

Ich ging in das Zimmer, das mir Peter genannt hatte, und dachte, ehrlich gesagt, erst mal gar nichts dabei. Als ich reinkam, saß der Typ auf einem Sessel, hatte seine Jacke abgelegt und war ansonsten angekleidet. Die Jacke hatte er ordentlich auf einen Bügel gehängt, ich sehe es noch genau vor mir. Er sah mich freundlich an. Und geil. Ich ging näher zu dem Sessel und stellte mich vor ihn. Abrupt beugte er sich vor und presste seinen Kopf an meinen Bauch, umklammerte mich dabei fest, aber nicht grob. So blieb er eine Weile und seufzte, so als ob er irgendwie erleichtert wäre. Dann löste er sein Gesicht von meinem Bauch, schob mein T-Shirt hoch und fuhr mit der rechten Hand über meine Haut – spielerisch mit den Fingern über das Waschbrett, die extraschlanke Exklusivität halt.

Er schaute nicht nach oben, mir nicht ins Gesicht, stattdessen schob er seine rechte Hand von unten ins Hosenbein an meine Eier, dann griff er nach meinem Schwanz, zog ihn seitlich aus der Hose raus, drückte daran herum und zog eines meiner Eier hinterher. So ging das eine ganze Weile, es kam mir vor wie eine Ewigkeit, aber eigentlich war es wohl nur eine Viertelstunde. Ich fand das irgendwie nur krass. Und das war dann auch alles. Er bedankte sich, ging aus dem Zimmer und noch mal ins Bad, bezahlte am Schreibtisch bei Peter und ging.

Das waren meine ersten hundert Mark. So leicht hatte ich noch nie so viel Geld in so kurzer Zeit verdient. Aber so richtig krass wurde es erst, als mein Chef aus der Konditorei auch im House of Boys zu arbeiten anfing. Er war ja auch erst 26. Handwerk hat goldenen Boden, so oder so. Und mit Brötchen wird man wohl nicht wirklich reich.

4 Ecstasy

Anfang Januar 2008 war ich mit einem Freund im neuen »Tresor«, dem Nachfolger des legendären Technoclubs in Berlin-Mitte, der sich im Tresorkeller des ehemaligen Kaufhauses Wertheim befand. Dort wo damals alles möglich und das Leben insgesamt eine Baustelle war, ist heute das Regierungsviertel, stehen Hotels und Firmenzentralen. Der »Tresor« musste umziehen, der Club ist jetzt in der Nähe des »Sage« in Kreuzberg – und immer noch toll. Wenn ich heute dort bin, nehme ich den Laden so, wie er ist. Ich denke nicht wehmütig an früher, das Leben geht weiter. Die alten Stahlfächer aus dem Kaufhaus Wertheim haben sie in die neue Location mitgenommen – denn die gehörten ja unbedingt zum Image dieses Clubs. Ein alter, verlassener Tresorraum inmitten der damaligen Niemandslandschaft Berlin-Mitte, ein kalter Raum, in dem alles Neue, alles bislang Undenkbare möglich schien. Die Musik ist immer noch geil – und inzwischen habe ich es auch auf die Gästeliste gebracht und muss nicht in der Schlange im Schneeregen draußen warten.

Das erste Mal muss ich ungefähr 1996 im Tresor gewesen sein, und zwar an einem Sonntag. Ich kam mit einem Kumpel aus dem KitKatclub, der damals noch in Kreuzberg und ziemlich klein war. Wir hatten die Nacht durchgemacht und liefen dann um die Mittagszeit im Tresor ein. Dort waren natürlich noch jede Menge andere Leute, die ebenso Lust hatten, den Tag zur Nacht zu machen. Alle waren wie mein Kumpel und ich total gut drauf. Das erste Mal im Tresor war wirklich etwas Besonderes für mich. Und es war auch eine besondere Zeit damals in Berlin.

Im Tresor legten natürlich immer die geilsten DJs auf. Und zwar die geilsten DJs aus der ganzen Welt. Ich war stolz wie Oskar, weil ich schon in einem damals ziemlich angesagten Club hatte auflegen dürfen. Zum Warm-up und nach dem Hauptakt. Aber so fängt jeder mal klein an. Dieser Club war meine wohl wichtigste Initiationsstätte. Man ist dort immer nur im »Erotic-Outfit« reingekommen, das heißt, Männer und Frauen standen in Lederkorsagen, Bustiers, G-Strings, Spitzenunterwäsche, Jocks, Chaps an der Bar, zeigten ihre Tattoos und Piercings auf gebräunter, haarloser Haut. Sie tanzten und vergnügten sich später auf den überall ausgelegten Matratzen. Männer und Frauen, Frauen mit Frauen, Männer mit Männern – einfach in allen Kombinationen. Alle waren auf Drogen, und alle wollten eine gute Zeit haben, gute Musik hören, sich spüren, sich berühren.

Genau dort fühlte ich mich gut aufgehoben, auf eine Art zu Hause. Niemand musste sich wirklich festlegen, es gab keine Zwänge, jedenfalls nicht hinter der geschlossenen Tür dieses tollen Ladens. Vielleicht war ich auch so gerne dort, weil ich nicht weiter aufgefallen bin oder wirklich anders war. Jeder im »Tresor« war im Prinzip bisexuell. Und der Unterschied zwischen der dort damals gelebten Promiskuität und meiner »Prostitution« war nicht wirklich groß. Dort schlief man auch mit wildfremden Menschen, ohne sie danach zwingend wiederzusehen oder wiedersehen zu wollen. Und draußen, außerhalb des Clubs, nahm ich eben Geld dafür. Na und? In diesem Club schien sowieso alles möglich, und ich hatte das deutliche Gefühl, dass hier die Zukunft tanzte, dass es überall so sein würde – irgendwann. Frei. In Berlin schien damals viel mehr gefallen zu sein als nur die Mauer.

Und in diesem so verrückten wie faszinierenden Laden erblickte eben auch DJ Cem das Licht der Welt. Ich! Auch wenn ich anfangs nicht mal Geld dafür bekommen habe. Platten brauchte ich allerdings trotzdem, und wenn man auf dem neuesten Stand bleiben will, kostet das eine Menge Geld. Aber immerhin hatte ich zu diesem Zeitpunkt schon Paul kennengelernt, der damals im »Connection«, einer Schwulen-Disco in Berlin-Schöneberg, Ecstasy verkaufte. Die Haschgeschichte lag ja schon länger hinter mir – nachdem ich in der Schule fast aufgeflogen wäre, hatte ich das Geschäft eingestellt. Die Bordellnummer ging mir allmählich doch an die Nieren, das war schon heftig – ich war ja noch sehr jung, und wer möchte da ständig mit älteren Leuten zu tun haben? Warum also nicht auf weniger stressigem Weg zu Geld kommen und Ecstasy verkaufen?

Das war damals die Droge der Saison, Love Parade, Techno, Friede – Freude – Eierkuchen. Ich bekam zunächst von Paul ein Tütchen voll mit Pillen, die ich dann an die Leute brachte. Ein gutes Geschäft. Billig einkaufen, teuer verkaufen, typisch Handel eben. Das lief hinterher immer besser, an einem normalen Tag verkaufte ich meistens um die fünfzig Stück, an den Wochenenden musste ich manchmal nach Hause fahren, um Nachschub zu organisieren, weil die Dinger wirklich weggingen wie warme Semmeln.

Von dem Geld konnte ich allmählich meine Plattensammlung ausbauen. Die ersten für mich wirklich wichtigen Scheiben habe ich seinerzeit bei DJ Niplz gekauft, der Star der Szene war. Heute ist er längst tot – er hatte AIDS und starb an Krebs. Für mich war er damals wirklich eine Größe, ich war stolz, ihn zu kennen. Und allmählich wurde auch mein Name zu einem Begriff: DJ Cem! Ich musste im Club nicht mehr für lau auftreten, stattdessen gab es so drei- bis vierhundert Mark Gage am Abend. Viel Geld, besonders wenn man noch die Einnahmen aus dem Ecstasy-Handel dazurechnet. Das Bordell konnte mir da mal gestohlen bleiben.

Ich hatte auch dann noch kein Bedürfnis, ins Sexgeschäft zurückzukehren, als mir das mit dem Ecstasy zu heiß wurde. An einem Abend, ich glaube im Connection, wollten mir zwei Zivilbullen was abkaufen. Ich habe für so was einfach eine Nase – bis heute. Ich machte mich sofort aus dem Staub, spülte die restlichen Pillen das Klo runter. Aus. Schluss. Das war genauso wie mit dem Hasch, ich merke, wann der Punkt erreicht ist, an dem es gefährlich wird. Seinerzeit wurde in den Clubs auf einmal gründlich aufgeräumt, auf allen Ebenen. Die Polizei hatte sich nach den Jahren des Umbruchs, des Nachwendechaos, neu formiert.

Vielleicht hätte ich ja zu diesem Zeitpunkt in dieser Situation auch meine Lehre als Konditor zu Ende machen sollen. Klar, für fünfhundert Mark im Monat. Nein, das war nichts für mich. Meine DJ-Tätigkeit lief ja schon ganz gut, wenn auch nicht so, dass ich ausschließlich davon hätte leben können. Also bin ich weg vom Drogen-Kleinverkauf und rein in den Großhandel. Großer Handel, große Gewinnspanne. Speed und Ecstasy in großen Mengen. Der Großhändler war damals in Lichtenberg, ein Deutscher, dort habe ich das Zeug immer abgeholt. Das war überhaupt keine dramatische Nummer. Ich fuhr hin, mit dem Taxi, manchmal auch mit der Bahn, packte das Zeug in den Rucksack oder in einen Karton. Das lagerte ich bei mir zu Hause und verkaufte es an die Straßenverkäufer weiter.

Es geht einfach nur darum, die entsprechenden – kleinen und großen – Leute zu kennen und die nicht zu bescheißen. Man braucht Beziehungen. Und da ich nie jemanden beschissen habe, bekomme ich den besten Stoff. Und muss mir keine Sorgen machen, wenn ich mit irgendjemandem Ärger habe oder bedroht werde. Ein Anruf genügt, und derjenige hat früher oder später eine unangenehme Begegnung mit einer Faust – nicht mit meiner, sondern mit der von einem Typen, der professionell gut damit umgehen kann. Es ist generell kein Problem, sich jenseits von Recht und Ordnung zu bewegen, jenseits der offiziellen, legalen, bürgerlichen Strukturen. Man ist dann aber wie gesagt auf andere Strukturen angewiesen – und muss sich auf die Menschen einstellen, sich ihnen anpassen. Eine Hand wäscht die andere. Man muss sich auch in diesem Geschäft regelkonform verhalten. Man hält sich zwar nicht an die offiziellen Gesetze, muss sich aber umso gewissenhafter dem Ehrenkodex der Akteure unterwerfen.

Das lief eine Weile supergut. Erst im Jahr 2000 habe ich damit aufgehört, es wurde mir einfach zu heiß. Das war wieder eine ganz intuitive Reaktion. Und kurz darauf sind viele hochgegangen, eine Razzia folgte der nächsten. Ich hatte mein Geschäft an einen der Straßenhändler weitergegeben, ihn sogar noch angelernt. Und das war es dann mit dem Dealen.

Der Witz ist: Wenn man mich fragt, bin ich gegen die Legalisierung von Drogen. Denn dann würde ja alles zusammenbrechen. Allein der Alkoholmissbrauch ist schon schlimm genug. Ich finde es gut, dass Kokain so teuer ist. Das ist nämlich ein ganz schön harter Stoff. Ecstasy, gut, das bringt die eigene Gefühlswelt durcheinander – ich habe das zehn Jahre ununterbrochen genommen. Irgendwann hat man gar keine eigenen Glückshormone mehr. Es ist, als ob die Pillen alle Vorräte, die man davon hat, auf einen Schlag rausschleudern.

Dann wirst du depressiv und nimmst noch mehr davon. Und so weiter.

Aber Kokain ist heftig. Man wird unausstehlich, asozial. Zu einem Egoschwein. Nicht gut. Ich habe manchmal fünf Gramm am Tag genommen, das sind ungefähr dreihundert Euro. Kokain saugt auf Dauer die Seele auf. Schön finde ich es, wenn ich es alleine nehme. Mein Geist wird erweitert, ich komme auf gute Gedanken, rotiere schön vor mich hin. Ich bin total ausgeglichen, wenn ich es in Maßen nehme und mir nicht die dicken Lines reinziehe. Man kann dann saufen, so viel man will, aber merkt nichts. Und betrunken sein mag ich sowieso nicht so. Koks, das macht wach, du bist voll da. Eine Flasche Gin und zwei Gramm Koks, das ist eigentlich die perfekte Mischung für mich, um einen schönen Abend zu verbringen. Und das ging auch jahrelang gut, ohne Pause, ohne krank zu werden. Wie gesagt: Der Stoff muss wirklich gut sein. Die Anglistikstudenten bekommen stattdessen Dreck, fies gestrecktes Zeug. Nasenbluten und Kollaps inklusive.

DJ, Dealer, Escort. Ja, das Gegenteil von einem Nine-to-five-Job, klar. Heute bin ich nur noch Escort und gelegentlich DJ. Und manchmal sehne ich mich danach, wie alle anderen auch einfach mal arbeiten zu gehen. Frühstücken, duschen, zur Arbeit gehen, Feierabend haben, Urlaub in Ägypten machen. Aber ich habe keine offizielle Ausbildung, gar nichts – auch wenn ich aus der Zeit der Lehre immerhin noch weiß, wie es sein könnte. Ich habe allerdings auch das ungute Gefühl, das dieses Schöne, das ich mir vorstelle, dann doch das Schlimme sein könnte. Was soll werden, wenn ich jetzt aufhöre, etwas anderes mache und dann nicht mehr zurück kann? Das war damals gar nicht so einfach, wieder in das Sexbusiness einzusteigen. Das Bordell gab es schon lange nicht mehr, und die Stammkunden waren auch weg. Aber es ist mir dann doch gelungen.

5 Weißbier mit Schaumkrone

Gestern war mein dreißigster Geburtstag, und ich sitze im ICE nach München. Wieder mal München – ich freue mich eigentlich immer auf Bayern. Es ist schon ganz anders dort als in Berlin, die Leute sind irgendwie anders, es ist fast so, als ob man ins Ausland fährt. Man muss seinen Standort in gewissen Abständen wechseln, das ist einfach eine Frage des Marktes. Wenn ich in Berlin zu lange im Angebot bin, sinkt die Nachfrage. Man kann das durch künstliche Verknappung ein bisschen hinauszögern: nicht ständig online sein, nicht immer erreichbar. Viele Kunden sind auch erst dann richtig interessiert, wenn man ihnen immer wieder absagt. Irgendwann werden sie richtig zitterig und wollen unbedingt, man kann unter Umständen sogar den Tarif erhöhen. Menschen sind so, sie wollen immer genau das, was sie nicht haben können. Und was nichts kostet, ist nichts wert. Das ist eben auch der Punkt: Wenn man mit dem Preis runtergeht, sich zum Discounttarif verschleudert, wird es schlimm. Dann machen sie ja schon von Anfang mit dir, was sie wollen.

Jetzt also nach München. In diesem Pendel-ICE wird mir manchmal schlecht, und überhaupt fühle ich mich heute irgendwie nicht so toll, weil ich gestern Abend noch groß gefeiert hatte – nicht, ohne nebenbei die ersten zwei Termine für München klarzumachen, online. Die Zeit der Zeitungsanzeigen ist ja vorbei, und das ist auch besser so. Heute kann man die Leute vorher sehen, sich ein Bild schicken lassen und dann gleich checken, ob das der totale Horror ist.

Der Zug ist überfüllt, die älteren Typen rascheln alle wichtig mit ihren Zeitungen rum. Als vor mir eine Hausfrau mit Kurzhaarfrisur ihre Wurststulle auspackt, wird mir übel. Der Geruch nach Leberwurst ekelt mich. Und dann geht es wieder los: Ich bekomme einen Tunnelblick, plötzlich sehe ich nur noch die Schuppen auf dem Jackett des zeitungslesenden Typen in der Nebenreihe, die Fettschlieren auf der Fensterscheibe, weil irgendjemand seinen Kopf daran gelehnt hat. Ich gehe schnell auf die Toilette, und die ist Gott sei Dank halbwegs sauber bis auf einen toten Nachtfalter, der platt auf dem Waschtisch liegt und schön bläulich-schwarz schimmert. Nase pudern.

Tunnel gibt es jetzt nur noch auf der Strecke, und ich kann wieder klar denken. Deshalb finde ich Bahnfahren ja eigentlich geil, weil ich mal Zeit habe für mich. Wenn man selbst jung ist, hat man natürlich keine Ahnung, wie verführerisch die Jugend ist, woher auch. Es ist diese Mischung aus Unschuld, Energie, Unverdorbenheit und Unverbrauchtheit. Nichts ist abgegriffen, nichts routiniert, alles ist noch im Werden und damit voller Hoffnung und Verheißung. Das bezieht sich nicht nur auf den noch unfertigen Körper, sondern auch auf die Seele. Und ein Junge ist anders als ein ausgewachsener, erwachsener Mann, eben ein Junge, nicht bedrohlich, nicht auf Augenhöhe. Natürlich war ich damals, als ich in Berlin im House of Boys anfing, eine absolute Exklusivität, der schlanke, feste Körper, kombiniert mit noch sehr weicher, zarter Haut –

dazu mein jungenhaftes Auftreten, eine Berliner Göre eben, aber verbunden mit all dieser Welpenhaftigkeit, unbeholfen und unbehauen, noch verletzlich. Das ist für viele Männer, besonders ältere, der Andockpunkt. Sich mit einem erwachsenen Kerl auf etwas Sexuelles einzulassen, das würde ihnen Angst machen und ist nicht mehr kontrollierbar. Aber mit einem Jungen? Das ist in ihrer Wahrnehmung eher so ähnlich wie mit einer Frau: Es ist klar, wer der Überlegene ist. Und wenn man den Jungen auch noch dafür bezahlt, hat man erst recht die Kontrolle.

Der Typ damals im House of Boys, Enrico der Hetero, kam aus dem Osten und war irgendwie ziemlich unten, hatte keinen Job und wusste nach der Wende, die damals ja noch nicht lange her war, wohl nicht, was er jetzt mit seinem Leben anfangen soll und vor allem, wie er zu Geld kommen könnte. Der kam von irgendwo aus der Provinz, hat sich ficken lassen und wurde darüber zum kompletten Arschloch. Immer superhektisch und überdreht und aggressiv, voll auf dem Futterneidtrip. Ich dachte immer, der murkst mich gleich ab, wenn ein Kunde mich ausgewählt hat und er weiter auf dem Sofa rumsitzen musste. Der musste immer tierisch einen auf Macker machen, um existieren zu können. Ich hab das damals ziemlich schnell gepeilt, dass das genau so nicht geht. Wenn du was machst, was du nicht machen willst, dann gehst du kaputt.

Was aus Enrico geworden ist, weiß ich nicht. Und das House of Boys gibt es schon lange nicht mehr. Es gibt noch Männerbordelle in Berlin, aber die sind nicht offiziell. Illegale Läden, irgendwo in Plattenbauten, alles fest in osteuropäischer Hand, viele Minderjährige arbeiten dort. Organisiert wird das alles von den Russen. Der Markt hat sich im Laufe der Neunziger ziemlich verändert, vor allem natürlich durch die Öffnung der

Grenzen. Im Moment sind ziemlich viele junge Rumänen oder Ungarn im Angebot, häufig auch Zigeuner, die zum Teil sogar von ihrer Familie nach Deutschland geschickt wurden mit dem Auftrag, Geld zu beschaffen – aber bei den meisten ist es eher so, dass die Eltern lieber nicht wissen wollen, wo genau das Geld herkommt, mit dem sie sich über Wasser halten.

Auch Ukrainer und Russen sind dabei. Wenn sie nicht in einem dieser Mafialäden arbeiten, schaffen sie nachts im Tiergarten an oder hängen im Schöneberger Kiez rum oder in Pornokinos rund um den Bahnhof Zoo. Die meisten sind eigentlich noch Kinder, aber sie müssen eben Verantwortung übernehmen für ihre Eltern und Geschwister zu Hause. Was schwul eigentlich ist, wissen sie meistens nicht. Sie vermieten halt ihren Schwanz. Wenn sie nicht total ausgelaugt sind, machen sie alles nur unter der Voraussetzung, den aktiven Part zu übernehmen. Sie ficken die Kundschaft etwa irgendwo in einem Klo oder in einer Pornokinokabine durch, oft natürlich ohne Gummi. Ich habe mich mal mit einem jungen Ukrainer unterhalten, der dachte, HIV würde durch Küssen übertragen und aktives Ficken sei doch nicht gefährlich. Was soll man dazu schon sagen? Schließlich bin ich kein Sozialarbeiter oder Ähnliches.

Es gibt in den großen Städten, auch in Berlin, »Stricherprojekte«. Die Mitarbeiter kommen dann mit ihrem Bus an und verteilen Kondome und Schrippen. In Berlin können die Jungs auch mal in der Wohngemeinschaft des Projekts pennen oder ihre Wäsche waschen. Sonst kümmert sich keiner um die. Ich habe über Prostitution von Jungen oder Männern bisher selten etwas in der Zeitung gelesen oder im Fernsehen gesehen – wenn, dann ist immer nur von Frauen die Rede. Ausgenommen natürlich, es gibt einen Promi-Skandal Moshammer, Pasolini und wie sie alle heißen. Regelmäßig Ärger gibt es natürlich auch, wenn es mal wieder einen katholischen Priester erwischt hat.

Ich wollte mit diesen Sozialarbeitern nie was tun haben, warum auch. Ich finde es zwar gut, dass es solche Angebote gibt, aber ich bin ja kein weggelaufener Bulgare, sondern weiß genau, was ich will und was ich tue. Ein Bekannter hat mich mal zu einem Projekt namens »Subway« mitgenommen, nur kurz, weil er etwas aus seinem Rucksack brauchte, was er mit mir teilen wollte. Ich erinnere mich noch daran, dass sich auf einem der abschließbaren Schränke im Waschraum ein Aufkleber befand, der den Elefanten aus der *Sendung mit der Maus* zeigte. Ich habe damals immer instinktiv gemerkt, wenn mir etwas nicht guttat, auf meinen Bauch war trotz allem eigentlich Verlass: »Nee, Cem, lass mal. Nicht falsch abbiegen.«

Ich habe aber nicht immer auf ihn gehört, jedenfalls nicht von Anfang an …

Als ich wieder aufwache, bin ich schon im Münchener Hauptbahnhof, die meisten Fahrgäste sind bereits draußen, geweckt werde ich nur, weil jemand mit seiner Tasche an mir hängen bleibt, als er an mir vorbei durch den Gang geht. Mein Mund ist total trocken, und mein Zahnfleisch tut mir schon wieder weh. Aber ich muss echt los jetzt, der erste Termin, den ich ausgemacht habe, findet schon in zwei Stunden statt.

Ich hetze durch den Bahnhof, vorbei an Brezelständen und Leberkäsesemmel-Vitrinen. Also essen könnte ich jetzt wirklich nichts. Erst mal ins Hotel. In München wohne ich immer im Motel Sun, schön dort und gemütlich. Sogar die Vorhänge sind okay.

An der Rezeption kennen sie mich schon, »Grüß Gott« und so – Bayern. Nach dem Einchecken gehe ich auf das Zimmer, rauche am Fenster eine und sehe zum ersten Mal München in

Ruhe – im Zug muss man ja mittlerweile auf die Behinder-tentoilette zum Rauchen, weil das Rauchen in den Zügen in-zwischen überall verboten ist. Ab und zu ertönt eine Laut-sprecherdurchsage, das klingt wie so eine Sonntagsrede zum Thema »mehr Mitmenschlichkeit«. Dabei wissen eigentlich alle, dass die gesellschaftlichen Ge- und Verbote hinter ver-schlossenen Türen nicht eingehalten werden, das würde sonst auch keiner aushalten. Hauptsache die Tür ist zu, und man hört und sieht und riecht nichts.

Vielleicht ist das schon immer so gewesen, aber ich habe das Gefühl, dass das heute wieder schlimmer ist als vor zehn Jah-ren, da bin ich mir sicher. Es klafft immer weiter auseinander, was die Leute eigentlich wollen und begehren und was sie noch dürfen und was sie sollen. Aber für mein Geschäft ist das gut.

München, in Ruhe von meinem Fenster aus betrachtet, ist ein Hinterhof mit Mülltonnen. Ich gehe ins Bad, eigentlich gehe ich überall, wo ich bin, erst mal ins Bad. Das hat sich so ergeben im Laufe der Jahre. Ich dusche mir die Reise runter, nicht mit der Hotelseife aus dem Spender, die trocknet die Haut aus und das ist scheiße. Es gibt Kunden, die wollen auf keinen Fall, dass man vor dem Termin duscht, die wollen, dass man nach Kerl riecht, nach Schweiß. Nach Bock. Das ist auch der Grund, warum ich mir die Achsel- und Schamhaare nicht ganz abrasiere, sonder bloß stutze – Haare sind Geruchsträger sozusagen, die meisten Kunden stehen darauf. Aber der Typ, der mich gestern über gayromeo.de angetickert hat und mit dem ich meinen ersten Termin ausgemacht habe, steht auf ganz andere Körperflüssigkeiten.

Nach dem Abtrocknen schaue ich in den Spiegel: Meine dreißig Jahre sieht man mir nicht an. Ich sehe immer noch ver-dammt gut aus. Ein bisschen zu dünn vielleicht heute, ich habe seit Tagen nichts Vernünftiges gegessen, aber die etwas hervorstehenden Wangenknochen machen das Gesicht andererseits interessant. Ich rasiere mich mit dem Nassrasierer, die Haut ist schön weich von der heißen Dusche. Gel in die Haare, dann glänzen sie genauso dunkel wie meine Augen – alles gut, alles okay, Pickel habe ich sowieso nie. Und gut aussehen sollte man in dem Job in der Regel schon. Auch der Schwanz sollte nicht unbedingt klein sein. Klar, jeder Topf findet seinen Deckel, und nicht alle Escorts sehen aus wie Models. Denn es gibt auch Kunden, die auf einen ganz bestimmten Typ stehen: mit Bauch, Haaren auf dem Rücken oder am Arsch, mit Glatze. Oder sie stehen auf Amputierte, auf Ältere. Aber der Mainstream verlangt schon nach gutem, eher überdurchschnittlichem Aussehen.

Auch ich habe mich spezialisiert, das ist besser für mich und besser für das Geschäft. Meine Spezialität ist Erniedrigung. Der Typ, den ich heute Abend sehen werde, will meine Pisse trinken.»Natursekt«, abgekürzt»NS«. Das ist für mich so alltäglich wie für die meisten der Gang zum Klo und wird sehr oft nachgefragt. Das einzig Anstrengende daran ist, dass man sich vorbereiten muss, so ungefähr eine Stunde vorher, daher meine Eile. Man muss Unmengen trinken. Man kann da auch nicht hinkommen, nachdem man die ganze Zeit nur Kaffee getrunken hat oder den ganzen Tag insgesamt zu wenig, denn dann schmeckt die Pisse bitter und ist trübe – und reicht nur für zwei Minuten. Auf keinen Fall sollte man vorher Spargel gegessen haben, dann kann man so einen Termin nicht machen. Am besten ist Bier, davon kann man gut pinkeln, und das Ergebnis ist fast durchsichtig und kaum riechend, also ideal für diese eher softe Variante des Fetischsex.

In der Hotelbar jodelt leise Fahrstuhlmusik im Hintergrund, und die Frau an der Bar, eine Hübsche, staunt nicht schlecht über meinen Zug. Der erste Schluck des hellen Hefeweizen, Erdinger, ist heftig und zieht mir den leeren Magen zusammen, so dass ich fast kotzen muss. Aber das Geile an Hefeweizen ist, dass es irgendwann den Magen füllt. Nachdem das erste Glas fast leer ist, habe ich das Gefühl, schon zu Abend gegessen zu haben. Ich zwinkere der Hübschen zu und bestelle noch eines und dann noch eines.

Jetzt fängt München an, mir zu gefallen, obwohl die Hübsche partout nicht zurückzwinkert. Manchmal haben die es hier nicht so mit »Ausländern«, aber umgekehrt ist das wieder gut für mein Geschäft. Je krasser die Filme und Klischees, die sie im Kopf haben, desto höher die Nachfrage nach dem wilden, gewalttätigen Ali. Ich bestelle mir ein Taxi, es geht raus nach Daglfing, einen Vorort. Schon auf dem Weg fängt die Blase an zu drücken, und das ist gut so.

Ich klingele an der Haustür, ein Mehrfamilienhaus, Alu-Fenster, Alu-Haustür. Ist schon dunkel in München, es hat geregnet, die Buchsbaumbüsche vor der Haustür glänzen feucht. Der Summer ertönt, und ich gehe in den zweiten Stock, Schuhe vor den Wohnungstüren. Seine steht schon offen. Als ich reinkomme, sitzt er schon im Wohnzimmer. »Hallo, hallo, grüß Gott.«

»Sag mal, wo ist denn das Bad?«, frage ich.

Er lächelt verbindlich, als sei ich ein Versicherungsvertreter, steht auf und zeigt mir das Bad, gleich links. Er ist um die vierzig, bisschen mopsig im Gesicht, aber nett und freundlich, gepflegt.

Ich verspüre einen Druck auf der Blase, doch ich darf mir ja keine Erleichterung verschaffen. Aber Badezimmer sind immer wichtig, damit ich mir ein Bild von dem Menschen machen kann. Dieser hier ist Single, es gibt nur eine Zahnbürste, elektrisch, auch kein zweiter Aufsatz. Keine Spuren einer Frau, keine Binden, Schminksachen oder Schmuck. Richtig schwul scheint er auch nicht zu sein, sonst stünden hier mindestens drei verschiedene Herrendüfte, mindestens. Und Gesichtscremes oder Concealer und abschwellende Augengels und ähnlicher Kram. Aber sauber ist es wie bei einem Friseur. Irre sauber. Dank Klorix, Sagrotan, Essigessenz, eine ganze Batterie von Hardcore-Reinigungsmitteln steht aufgereiht neben der Waschmaschine.

»Sag mal, hast du 'n Bier«, frage ich, als ich zurück ins Wohnzimmer komme.

»Freilich«, sagt er und kommt kurz darauf mit zwei Weißbiergläsern und Flaschen zurück.

Er macht sich auch eine auf, wirkt ein bisschen nervös. Doch ich bin ja schon so ein bisschen angeschickert und locker. Ich frage ihn irgendwas, ich weiß nicht mehr genau was. Meist frag ich mehr so irre Sachen wie: »Was arbeitest Du?« oder »Magst du auch Katzen?« Sie antworten auch, aber ich mache das mehr routinemäßig, die Unterhaltung. Irgendwann fangen sie an, einem Komplimente zu machen. »Du hast schöne Hände«, damit fangen sie manchmal an. Andere kommen gleich auf die »ordentliche Beule in der Hose« zu sprechen, das kommt immer drauf an, wie schüchtern sie sind. Manche sind aber auch so schüchtern, dass sie gleich auf die Tonne hauen, um ihre Unsicherheit zu überspielen.

Aber da meine Blase gleich platzt und ich auch dieses Bier schon fast wieder leergetrunken habe, muss ich das Ganze dieses Mal beschleunigen.

»Alter, also noch mal gehe ich nicht auf dein beschissenes Klo, verstehst du? Du machst jetzt das Maul auf für mich!«

Er sagt: »Ja, entschuldige, komm mit.«

Er geht ins Schlafzimmer, dort hat er schon alles vorbereitet und ein schwarzes Latexlaken über sein Bett gezogen. Sieht total unwirklich aus, das Bett erinnert jetzt eher an einen S&M-Keller und der Rest an ein spießiges Schlafzimmer. Schrank mit Spiegel, Nachttisch mit Lampe und Radiowecker, in der Ecke steht ein Hometrainer und dient als Kleiderständer für Hemden.

»Zieh dich aus!«, murre ich ihn an.

Das Latexlaken sagt mir, dass er das regelmäßig macht. Jemand, der das zum ersten Mal macht, hätte sich jetzt in die Badewanne gelegt, andere machen es in der Waschküche, weil dort ein Abfluss ist. – Schließlich will niemand, dass sein Sofa oder Bett oder der Teppich noch wochenlang nach Pisse stinkt. Besucher könnten was merken – und vor allem sie selbst könnten etwas merken: Sie wären ständig mit einer ihrer sexuellen Phantasien konfrontiert, denen sie aber nur gelegentlich Auslauf lassen. So wie der Mopsige heute mal wieder.

Er hat sich nackt auf den Rücken gelegt und sieht mich erwartungsfroh und zugleich ängstlich an. Sein Pimmelchen steht ihm schon, man sieht ihn kaum in dem riesigen Schamhaarbusch, aber das kann mir ja egal sein, solange ich ihn nicht anfassen muss. Ich bin komplett angezogen und steige mit meinen Sneakers auf das Bett. Einmal habe ich mich bei so einer Aktion allerdings fast auf die Fresse gelegt. Es war ein Wasserbett, kein eleganter Auftritt, ich musste mich kranklachen. Aber das passiert mir öfter, dass ich lachen muss. Manche Kunden mögen das erst recht – wenn man sie auslacht und verhöhnt.

»Mann, hab ich einen Druck auf der Leitung«, sage ich, als ich meine Cargohosen aufknöpfe, ganz langsam. Dann hole ich meinen Schwanz raus, als stünde ich irgendwo an einem Pissoir in einer Kneipe, und pisse ihm einen fetten Strahl ins Gesicht. Der prallt erst mal von der Brille ab, so dass die Pisse zum Teil auf dem Radiowecker landet. Ich stoppe, er nimmt die Brille ab und macht schon mal den Mund auf. Aber ich lasse ihn erst mal zappeln.

»Du altes Schwein«, zische ich und ziele mit dem Pissstrahl auf seinen Bauch, lasse meine Schwanz ein bisschen kreisen, mache ihn erst mal richtig nass. Dann erhöhe ich den Druck und ziele genau auf sein Pimmelchen und seine Eier. Er windet sich vor Geilheit, die Pisse läuft zwischen seine Beine, schon jetzt bildet sich eine kleine Pfütze auf dem Laken. »Das macht dich wohl geil, du Schwein, häh?«, sage ich. »Jetzt knie' dich hin und mach dein Maul auf!«

Jetzt geht's erst mal richtig los, vier Weizen, das sind zwei Liter Pisse, und wenn man den Strahl immer wieder unterbricht, kann man die Nummer eine Zeitlang durchspielen. Die Kunden sollen ja was bekommen für ihr Geld. Und er will genau das, wahrscheinlich träumte er als kleines Kind schon davon, wenn er mit seinem Vater mal in der Kneipe war und bei den Kerlen an der Pissrinne stand. Dann pisste er sich selbst manchmal heimlich voll, im Verborgenen, dass es ja niemand sah. Und dann später träumte er immer davon, so lange, bis er auf die Idee kam, dass er diesen Traum auch umsetzen könnte. Oder musste, damit er nicht irgendwann durchdrehte. Damit er den Druck los war und anschließend wieder normal seinen Job machen konnte und zum Skat geht und alles.

Das ist eine Lust, über die man normalerweise nicht spricht. Was der Typ sonst für eine Sexualität hat, weiß ich nicht. Vielleicht wichst er immer nur und guckt dabei auf seinen Heimtrainer. Aber das interessiert mich auch nicht. Ich mache hier nur meinen Job. Ich selbst habe mit Natursekt nichts am Hut.

Er kniet jetzt vor mir, und ich strulle ihm mit Hochdruck in seinen Mund. Er schluckt alles begierig. Dann stoppe ich, schiebe ihm meinen Schwanz in den Rachen und lasse es wieder laufen. Das ist erst mal seltsam, wenn man es nicht gewohnt ist. Man fragt sich, wo das Geräusch, das Plätschern oder Zischen, bleibt. So hört man nur jemanden schnaufen. Er verschluckt sich, hustet, schiebt sich den Schwanz aber noch tiefer rein. Ich pisse ihn voll bis zum Rand, und als ich mich entleert habe, ficke ich ihn in den Hals, bis es mir kommt, die Schaumkrone zum Weißbier, so war es verabredet, das war seine Phantasie. Prost, Alter.

6 Bauer Franzens Geburtstag

Es wurde noch eine längere Münchener Nacht. Das Honorar aus Daglfing habe ich jedenfalls gleich wieder in den bayerischen Geldkreislauf eingespeist – und nicht nur dieses. Der zweite Kunde hatte abgesagt, das kommt vor, selten zwar, ist aber immer irgendwie ärgerlich. Also fuhr ich stattdessen in diesen Technoladen in der Maximilianstraße und hab noch einen draufgemacht. Viel mit Leuten gelabert, die finden das ja cool, wenn man aus Berlin kommt, auch wenn sie das meistens nicht so direkt ansprechen, um sich nicht zu blamieren, seltsam. Bilder im Kopf, Phantasien halt. Aber ist dann auch egal, irgendwann auf Pille, gute Laune, erinnere mich noch, dass eine Christine stundenlang so halb in mir drinhing und wir geknutscht haben und gesoffen. Sie studierte Veterinärmedizin oder so was Ähnliches, eigentlich eine Patente, so eine, auf die Verlass ist, aber heute lässt sie sich mal Leine. Dann war da noch so ein Model-Typ aus den US, der auf einmal wie aus dem Nichts mit uns rumhing. Irre hübsch, vielleicht Anfang zwanzig, und er sagte immer wieder nur einen Satz, als sei die Nadel hängengeblieben: »They fuck me, I fuck them. It's great.« Er blutete schon aus der Nase, kicherte immer mal wieder, »it's great«.

An die anderen erinnere ich mich nicht mehr, ich würde die auch auf der Straße nicht mehr erkennen. Und irre getanzt habe ich, was ich früher viel öfter gemacht habe. Irre viel getanzt und geschwitzt und gelacht. So lange, bis im Kopf gar nichts mehr ist außer einem Gefühl von Glück und Erschöpfung. Solche Abende sind meine einzige Entspannung, wenn ich unterwegs in einer anderen Stadt bin, um zu arbeiten. Für ein paar Stunden habe ich dann das Gefühl, einfach einer von vielen jungen Leuten zu sein, die heute mal einen draufmachen und sich die Nacht um die Ohren schlagen. Meistens erzähle ich diesen Nachtmenschen natürlich nicht, was ich beruflich mache. Einfach, weil damit nicht jeder gut umgehen kann. Die Leute werden verlegen oder löchern einen mit pseudoentspannten, coolen Fragen. Natürlich haben sie offiziell »wirklich kein Problem damit«, aber hinterher sind sie doch misstrauisch. Das ist so, als ob man erzählt, dass man beim Geheimdienst arbeitet oder sich in einer terroristischen Organisation engagiert.

Jetzt sitze ich verpeilt auf meinem Bett und habe den Rechner an, das Hotel hat WLAN, ohne Netz geht sowieso nichts. Über Nacht haben sich zwei Typen gemeldet, die ernsthaft interessiert sind. Wenn jemand bloß »Hi« oder »Ist der Preis verhandelbar?« schreibt, lösche ich die Mail sofort. Wenn mir jemand blöd kommt, riegel ich sofort ab. Ich finde diese ganze Feilscherei einfach respektlos, wir sind doch nicht auf dem Basar. Das sind genau die Typen, die an der Fleischtheke ohne mit der Wimper zu zucken zwanzig Euro für ein Stück Rinderfilet hinlegen und dann knickerig werden, wenn sie sich Sex kaufen wollen. Außerdem mache ich die Ansagen, und da wird nicht diskutiert, das ist mein Prinzip. Andererseits muss jetzt hier auch mal langsam Geld reinkommen, sonst lohnt sich am

Ende der ganze Trip nicht. Die Bahnfahrt, das Hotel, das sind ja alles Kosten. Bin ja auch nicht zum Spaß hier. Ich bin eigentlich nirgendwo zum Spaß, wenn ich darüber nachdenke.

Ich antworte dem einen Typen, dass er mich anrufen soll, wenn er was will. Auf dem Profil sieht er echt gut aus. Blond, hübsches, kantiges Gesicht, Dreitagebart, ein Homo, sonst wäre er bei Gayromeo nicht mit Portraitfotos online. Gayromeo, das ist quasi das schwule Einwohnermeldeamt in Deutschland, mittlerweile auch in anderen europäischen Ländern. Die »Blauen Seiten«, weil die Hintergrundfarbe der Website blau ist. Die Homos nutzten das Internet schon lange, um sich zu vernetzen – und vor allem, um sich zum Sex zu verabreden. Lange vor Facebook, das ist da schon lange Alltag. Und für mich sehr angenehm: Ich kann mir anhand des Profils schon mal einen Eindruck machen. Es gibt mehrere Fotos, zum Teil mit urologischen und proktologischen Nahaufnahmen, und das, obwohl Schwanz am Ende Schwanz und Arsch eben Arsch ist, aber gut. Die Fotos des Typen sind jedenfalls von einem Profi gemacht und nicht mit der Handykamera geknipst.

Schon klingelt mein Telefon.

»Hi, hier ist Stefan, seit wann bist du in der Stadt? Du bist ja nicht aus München, wie ich gelesen habe.«

Man wahrt ja meist erst mal die normalen Umgangsformen.

»Seit gestern Abend, bin öfter mal hier. Und was geht bei dir, bist du auf Arbeit?«

Im Hintergrund hört man ein Klappern, ein Klickgeräusch, er zündet sich eine Zigarette an, gute Idee, mache ich auch.

»Nein, aber am Spätnachmittag habe ich einen Dreh, da muss ich vorher noch ein bisschen entspannen.«

Er sagt das nicht so, als ob er ultra angeben wollte, er klingt eher gestresst, nicht blasiert-gelangweilt.

»Verstehe, voll stressig wahrscheinlich. Dann sag doch mal an, was bringt dich denn runter?«

Er zögert ein bisschen, zieht noch mal an der Zigarette.

»Ich müsste mal wieder ordentlich durchgefickt werden, dann geht's auch wieder besser«, antwortet er.

Unsicher klingt das, er schämt sich ein wenig. Müsst er ja nicht, mir gegenüber oder? Aber er schämt sich wohl eher sich selbst gegenüber, wegen seiner eigenen Bedürfnisse. Wegen seiner Ängste und Anspannungen, davor zu versagen. Als er mir die Haustür öffnet, bin ich zunächst derjenige, der verunsichert ist. Der Typ sieht aus wie aus dem Ei gepellt. Aber einem von Fabergé. Noch viel besser als auf den Bildern, ein Bild von einem Mann steht vor mir. Und ich habe ihn auch schon auf anderen Bildern gesehen, in irgendwelchen Hochglanzzeitschriften oder im Fernsehen, glaube ich: Er ist Model, und bei dem »Dreh« am Spätnachmittag handelt es sich um irgendeinen Werbespot. Erzählt er mir, als er mir einen Ballantines auf den Tisch stellt und einen doppelten für sich gleich daneben. Und auch wenn ich schon ganz andere, richtige Promis als Kunden hatte: Das macht mich nervös, wenn ich denke: »Ey, der sieht ja womöglich viel besser aus als ich. Scheiße, der Typ rennt bestimmt jeden Tag zweimal ins Fitnessstudio.«

Aber nach dem ersten Schluck Whisky erinnere ich mich wieder daran, dass es darum gar nicht geht. Erstens will er eben genau mich, weil ich genau in sein Raster passe. Zweitens ist es oft gerade bei solchen Typen so, dass sich hinter der Kulisse ein Selbstbewusstsein von der Größe eines Zwergfinken verbirgt. Groß sind die nicht, wie der Name ja sagt.

Als er sich auszieht, denke ich nur: der perfekte Kerl. Es ist ein Glücksfall, wenn mir ein Kunde mal wirklich gut gefällt, dann kann auch ich mich fallenlassen, das Gehirn ausschalten, einfach Sex haben, was nun wirklich keine schlechte Sache ist. Was sich da vor mir aus der Levi's-Jeans und dem grauen Sweatshirt pellt, ist nach meinem Geschmack! Nicht so ein übertrainierter, aufgepumpter Körper, keine Muskeln, die wirken, als seien sie bei H & M gekauft. Alles stimmt, die Proportionen, die leichte, aber sich deutlich abzeichnende Wölbung der Brustmuskeln. Ein flacher Bauch und Lenden, die ausschauen wie die Kopie einer griechischen Statue aus dem Museum, nicht aus weißem Marmor, sondern aus Fleisch und Blut.

Da müssen andere bezahlen, dass sie diesen Körper überhaupt anschauen dürfen. Mit einem derartigen Körper wird jede Menge Geld verdient, indem man ihn dazu einsetzt, irgendwelche Produkte zu verticken, Rasierwasser, Autos, Nudeln. Und ich werde wiederum dafür bezahlt, dass ich diesen Prachtarsch, der sich mir entgegenstreckt, ficke. Dafür, dass dieses Gesicht nachher vor der Kamera schön entspannt ist. Dafür, dass ich dieses Mannsbild zu einem Stück mache. Und genau das zische ich ihm ins Ohr:»Du Stück, bück dich tiefer«, als ich ansetze. Macht er dann.

Was allerdings nicht in meiner Regieanweisung stand, ist, dass er, während ich ihn ficke, ständig an Poppersflaschen rumschnüffelt und an seiner Kokstüte nascht. Ich hasse Poppers, das ist so ein Chemiekram, der nach alten Socken stinkt, und ich bekomme Kopfschmerzen davon, andere macht es jedoch anscheinend geil wie einen Stier. Es bewirkt, dass sich die Adern weiten, man ist benebelt und voll im Rausch. Und entspannt – für viele Typen ist das ein wichtiges Hilfsmittel, wenn sie sich ficken lassen. Sie wollen zwar, können aber nicht, weil sie unfähig sind, sich zu entspannen.

Ein Profi ist der Kunde, nicht nur in Sachen Schönheit. Ein Profi, der alles aus der halben, bar bezahlten Stunde »Sex mit dem Profi« rausholt, indem er das Koks in seinen Film rein-schneidet, der krasse Sexfilm. Das war es dann aber auch mit dem Fallenlassen für mich, das ist mir wieder zu krass. Fehlte nur noch, dass er sich nebenbei einen Porno anschauen oder mit einem Kumpel telefonieren würde.

Als wir fertig sind, bleibt er noch kurz liegen, wie nach einer Massage. Dann berappelt er sich und zündet sich eine Ziga-rette an, er sagt nichts. Seine Augen sind schön und leer und irgendwie tot.

»Ich muss gleich los«, sagt er.

Schon bald wird jemand einen anderen Film, ein Image, eine Idee auf sein symmetrisch geschnittenes Gesicht werfen. Der Typ ist auch Leinwand, vielleicht genauso wie ich? Aber nicht gut bezahlt, die männlichen Models verdienen im Ver-gleich zu den Frauen schlechter – bei Escorts ist das allerdings umgekehrt, wir verdienen in der Regel mehr als die Kolle-ginnen. Klar: Wir rechnen dafür auch nicht alles einzeln ab, meistens ist in dem Preis das ganze Programm drin. Ich kann ja nicht zu einem Typen sagen: »Französisch kostet extra«, der lacht sich kaputt.

»They fuck me, I fuck them«, ich muss kurz an das Ami-Mo-del von gestern Abend denken. Im Grunde ist die männliche Modelszene quasi wie ein internationaler Escortring, auch wenn das Ganze verschwommener abläuft. Ich möchte nicht wissen, wie viele Modedesigner, Fotografen und Agentur-heinis den Prachtarsch, den ich gerade professionell bearbei-tet habe, schon für umsonst gecastet haben, damit der Junge einen Auftrag bekommt. Vielleicht haben sie auch ihren hin-gehalten, der wahrscheinlich nicht so gut in Schuss ist. So läuft das in der Branche – die Mädels haben im Modebusiness eigentlich Glück, dass das im großen und ganzen eine ziem-lich schwule Szene ist, da will ihnen niemand wirklich an die

Möse. Das einzige Problem für die Frauen ist, dass die Homos sie allesamt verhungern lassen. Entweder weil sie sie nicht mögen oder weil sie wollen, dass sie wie Knaben aussehen. Das war allerdings insgesamt noch eher die Hochglanzvariante von München. Als ich zurück im Hotel bin, geht schon wieder der komplette Wahnsinn los. Als erstes sage ich mal dem Typen ab, dessen Reihenhaushälfte in Gröben-Zell ich abfackeln soll, für zweitausend Euro. Ich soll da nachts hin, das Fenster einschlagen, ihn vergewaltigen mit Maske, niederschlagen und anschließend die Hütte niederbrennen, Benzin stünde in der Küche. Also nicht, dass ich zweitausend Euro verachten würde, und nicht, dass man diesen Preis nicht noch nach oben drücken könnte. Aber heute ist mir nicht nach so etwas.

Nein, jetzt mal im Ernst: Das ist mir einfach zu extrem. Es gibt ja die abstrusesten Anfragen, und sogar diese Geschichte vom Kannibalen von Rothenburg hat mich weder überrascht noch schockiert. Solche und ähnliche Anfragen kommen regelmäßig. Regelmäßig! Wenn ich denen nachgehen würde, hätte ich jetzt wahrscheinlich eine überfüllte Kühltruhe, gruselig. Aber das Finstere daran ist, dass es diesen Typen am Ende völlig egal wäre, was nach einer solchen Nummer aus mir würde. Ob ich für immer in den Knast wanderte oder nachts nicht mehr schlafen könnte für den Rest meines Lebens. Das wäre denen doch egal, die interessieren sich nur für sich selbst. Also, dass Menschen egoistisch sind, ist nicht neu. Aber das ist eine Form von Egoismus, die man so vielleicht nicht kennt, oder? Ich muss mich jedenfalls davor schützen.

Mit den Vernichtungsphantasien des zweiten Interessenten kann ich schon eher leben, obwohl der Typ eine totale Sau ist. Er steht auf: Popel fressen, Scheiße fressen, Fußschweiß, Schläge, Pisse, ungewaschen, Blut, und das alles hätte er am liebsten auch noch »bareback«, also ohne Gummi. Meine Güte, aber so ist es eben, und, ob Sie das glauben oder nicht, gar nicht so superselten. Wir einigen uns nach einigem Hin und Her auf: Schläge, Pisse, ungewaschen und mit Gummi, also eine verhältnismäßig softe Variante dieser Ich-bin-ein-Nichts-und-will-gedemütigt-werden-Phantasien. Das geht dann schon, außerdem wohnt er im Innenstadtbereich, was für mich praktisch ist. Kann ich zu Fuß hin. Zur Vorbereitung muss ich erst mal die dreckigen Tennissocken von der Reise gestern suchen. Gesucht und gefunden.

Doch jetzt habe ich ein Problem: Ich habe nämlich gerade geduscht, weil das Model sich dermaßen eingedieselt hatte, dass ich jetzt am ganzen Körper nach Dior Homme rieche, und das mag ich nicht, Dior Homme, das riecht voll pudrig und süßlich, also echt mal schwul. Mit diesem Duft könnte ich bei diesem Kunden jetzt gar nichts reißen. Also muss ich schnell wie ein Irrer Liegestützen machen, damit ich schwitze, der Schweiß muss sich ja auch noch ein bisschen zersetzen bis zum Date. Wenn man kein Deo benutzt, geht das eigentlich ganz schnell. Ist halt nicht immer ganz einfach, den »natürlichen, männlichen« Kerl zu mimen. Manchmal muss man sich schon was einfallen lassen, wenn man nicht sowieso auf dem Bau arbeitet oder gerade vom Militäreinsatz kommt. Anschließend suche ich in Ruhe meine sieben Sachen zusammen. Peitsche, Gummis, Kaugummi, Kippen. Die Peitsche habe ich immer dabei, aber den ganzen anderen Kram, Dildos, Tittenklemmen, Plugs, Elektroinstallationen und so weiter, müssen die Typen schon selbst vor Ort haben oder mitbringen. Das ist schließlich auch eine Frage der Hygiene, und ich stelle mich jedenfalls nicht danach hin und spüle die Dildos oder Ähnliches, wer bin ich denn?

Ich lief also mit der Peitsche im Rucksack durch die Münchener Fußgängerzone. Na und? Walter Sedlmayr stand da auch drauf, ist ja nicht so, dass es so was in Bayern nicht gäbe, ist aber schon länger her, die Geschichte, glaube ich, da war ich noch ziemlich jung, vielleicht zwölf. Ich erinnere mich an den nur aus der »Tuc«-Werbung. Aber solche Typen hat man natürlich öfter mal als Kunden, Typen, die genauso aussehen wie ein Hausmeister. Genau so einer begegnet mir nun auch im Treppenhaus, nachdem ich geklingelt habe.

»Grüß Gott!«

Ja klar, schönen Gruß auch vom Kanaken zurück, ha.

»Wo is'n hier das Bad?«, frage ich erst mal.

Und wieder: alles tipptopp, total sauber. Designer-Salatschüssel als Waschbecken, Miele-Waschmaschine – der Mercedes unter den Waschmaschinen, hat mir mal ein Kunde erzählt. Aber der Typ draußen im Wohnzimmer stinkt trotzdem, eigentlich nicht er selbst, sondern seine speckigen, versifften Lederklamotten, die er sich angezogen hat. Das ist ein schrecklicher Mief, eine Mischung aus Secondhand-Laden, nass gewordenem Lederrucksack und Herrenpissoir, echt. Wer weiß, in welchen Kellern der mit diesen Sachen schon überall rumgerutscht ist, wahrscheinlich in halb Europa, so ein Outfit kann man ja ewig tragen, bis es endlich mal auseinanderfällt.

Mir schießt die Frage in den Kopf, ob ich dagegen überhaupt anstinken kann, im wahrsten Sinne des Wortes. Aber er fängt schon an, mir Komplimente zu machen, schaut dabei ständig auf meine Turnschuhe anstatt in mein Gesicht. Er ist der Typ selbstbewusster Kunde, der genau weiß, was er will. Gleich mein erster Eindruck ist, dass der echt daneben ist, jenseits von Gut und Böse. Da muss man aufpassen, dass auch die eigenen Grenzen eingehalten werden, sonst wird man ganz schnell zu einer kleinen Figur in dem durchgeknallten Videospiel, das die in ihrem Kopf ballern.

Ich werde das nie vergessen, das ist schon ziemlich lange her, da ist es mir echt wie Schuppen von den Augen gefallen. Es war in Berlin, und ich war noch viel jünger. Schon damals hatte ich mir zum Prinzip gemacht, immer der Macker zu sein, der Aktive, der, der alles stets unter Kontrolle hat. Aber einmal, nach einer Zwei-Stunden-Session mit einem Ober-Maso mit rammeln, peitschen und in die Eier treten, hatte ich mir noch den Schwanz im Bad gewaschen und wollte gehen. Doch irgendwas ließ mich stutzen, vielleicht war es das aufmüpfige Grinsen des Typs, der eben noch unter mir gelegen hatte.

»Ey, du Arsch«, sagte ich dann zu ihm, »ich mache ja hier eigentlich die ganze Zeit nur, was *du* willst.«

Der grinste natürlich weiter, war auch älter als ich und wohl ziemlich erfahren.

»Passive Aggressive«, sagte er nur und lachte mich an. Aus. Die Leute benutzen dich sogar, wenn du sie benutzt.

Aber diese Ledertrine hier bekomme ich jedenfalls in den Griff. So vierzig wird der Typ sein – was in den Profilen angegeben wird, stimmt ja auch nicht immer – geschorene Glatze, schlank, soweit man das unter der Montur sehen kann. Im Wohnzimmer sind überall Bücherregale, eigentlich ganz geschmackvoll, da fühlt man sich wohl. Nicht so übermäßig designed, warm, nett. Nur das Leder passt hier nicht rein, eigentlich müsste der Typ eine Strickjacke tragen oder ein Leinenhemd oder ein Tweed-Sakko.

Doch es wird noch richtig krass. Nicht, weil er meine Pisse trinken will, nicht, weil ich ihm seinen mondgesichtigen und ganz schön fetten Arsch mit der Peitsche bearbeiten soll, nicht, weil er unbedingt meine verschwitzten Achseln auslecken will. Die Krönung kommt, als es ans Ficken geht. Statt Gummi oder Gleitmittel hält er mir ein kleines, weißes Tütchen hin. Irgendwelche Drogen? Fisherman's Friend?

»Was soll ich jetzt damit?«, frage ich ihn und bin wirklich ein wenig aus dem Tritt, was ich mir natürlich nicht anmerken lasse.

»Fick mich mit Hagelsalz«, sagt er.

»Mit was?«, frage ich.

»Mit Hagelsalz, kennst du doch wohl, das sind die Salzkörner auf den Brezeln«, antwortet er trocken.

Das sind die gewissen Momente – ich meine, die Anfrage, ob ich es auch mit Tiger-Balsam statt Gleitmittel machen könnte, hatte ich schon. Aber mit grobkörnigem Salz? Das bedeutet nicht nur extremen Schmerz für ihn, sondern auch ein extremes Risiko für mich. Das Salz würde die Schleimhäute sofort angreifen, er würde irre bluten – und natürlich würde das Salz auch das Kondom in null Komma nichts auflösen. Einen sichereren Weg, sich mit HIV, Hepatitis, Syphilis und was weiß ich noch alles anzustecken, gibt es gar nicht.

So was mache ich ganz einfach nicht, bayerische Folklore hin oder her, aber es ist schon unglaublich, wie viele Leute auf ihre Gesundheit und die anderer scheißen, da kann sich die AIDS-Hilfe auf den Kopf stellen, alles für die Katz. Und der Witz ist, dass Leute wie ich, Kerle, die Sex für Geld anbieten, immer als Virenschleudern gelten. Was ja überhaupt der einzige Grund war, warum auf einmal in den Achtzigern Sozialarbeiter losgeschickt wurden, damit sie sich um die Stricher kümmern: Plötzlich gab es die Angst, dass die heile Familienwelt mit dem Virus durchseucht wird, weil Vati mal heimlich im Bahnhofsklo einen Stricher vögelt. Und klar, gerade die jungen Stricher aus Osteuropa, die echt keine Ahnung haben und ständig auf irgendwas drauf sind, schützen sich oft nicht ausreichend. Aber so wie ich das Geschäft kenne, passen Escorts extrem auf – wenn man so viel Sex hat, erhöht man ganz einfach sein Risiko. Außerdem ist der Sex, den man hat, ja sehr bewusst, kontrolliert. Es ist einfach professionell, Gummis zu benutzen. Wenn jemand mein Sperma schlucken will, ist das allein seine Entscheidung, eben weil es auch allein sein Risiko ist. Aber Ficken ohne Gummi kommt nicht in Frage. Und genau deshalb bin ich auch nach wie vor gesund. Ich hatte höchstens mal einen Tripper oder Filzläuse, wenn die gerade auf Tournee in der jeweiligen Stadt waren, und sonst gar nichts.

Jedenfalls bekommt die Ledertrine jetzt noch mal so richtig eins auf den Arsch mit der Peitsche, und ihren Fick bekommt sie ebenso. Ordnungsgemäß, so wie es sich gehört, verdammt. Am Ende ist der Typ wahrscheinlich Lehrer oder Rechtsanwalt, jedenfalls sieht die Bude so aus. Na ja, Trinkgeld gab es jedenfalls nicht. Auf dem Rückweg zum Hotel laufen Leute an mir vorbei, die Brezeln essen, und ich finde das einfach nur noch absurd, ich muss erst mal ins Hotel, an nichts denken und pennen.

Es ist schon dunkel, als ich wieder aufwache. Das Pling-Geräusch aus dem Laptop hat mich geweckt, eine Mail auf Gayromeo. Normalerweise hätte ich mich ausgeloggt, wenn ich schlafe, aber ich bin ja nicht zu Hause, sondern in München, um Geld zu verdienen. Der Typ hat keine Fotos im Profil und ist ganz schön alt, über sechzig, wirkt aber ziemlich vernünftig. Auf dem Land bei München wohnt er, er hätte heute Geburtstag, und da würde er sich gerne als Geschenk in den Arsch ficken lassen. Happy Birthday!

»Hundertfünfzig Euro plus Taxi hin und zurück«, schreibe ich ihm, und er antwortet sofort mit »Einverstanden. 22 Uhr bei mir«. Er lässt sich seinen Geburtstag was kosten.

Auf der Taxiuhr stehen rund fünfunddreißig Euro, als ich in dem Kuhdorf ankomme. Genauer: auf dem Hof des Bauernhofes stehe, zu dem ich bestellt wurde. Als das Taxi den Hof verlässt, stehe ich mutterseelenallein in einem bayerischen

Dorf, kein Licht im Haus, nichts, nur eine Kuh hört man blöken. Nichts gegen Ferien auf dem Bauernhof, aber das ist dann doch ein bisschen extrem. Panikattacke: Hat der Scheißtyp mich verarscht? Und Scheiße, in genau die bin ich in der Dunkelheit gerade reingelatscht, in die Scheiße von irgendeinem bayerischen Vieh. Dreimal Scheiße! Wir hatten zwar Handynummern ausgetauscht, aber er geht nicht ran. Ich klingele wie ein Irrer an der Haustür, nichts. Und das Schönste ist, dass ich absolut keine Ahnung habe, wo ich hier überhaupt bin, und das Taxi ist weg.

Wenigstens klingelt es nun in meiner Jackentasche – so besonders warm ist es hier übrigens auch nicht.

»Servus, Cem, du entschuldige bitte«, nuschelt es aus dem Lautsprecher, »i bin unterwegs, aber da vorn ist eine Polizeikontrolle, und jetzt steh i im Waldweg und muss warten, bis die wieder weg sind«, sagt das Geburtstagskind und hört sich dabei an wie Gerhard Polt nach einem Schlaganfall.

»Ja, wie, Alter, hast du 'ne Bank überfallen oder was? Ich steh hier auf dem Hof«, sage ich – noch freundlich.

»I hob ana getrunken, deshalb, 'tschuldige, bin bald da!«, lallt es zurück.

Kann ja heiter werden. Nach zehn Minuten und mindestens dreieinhalb hektischen Zigaretten biegt endlich ein alter BMW in den Hof. Der Sechszylinder bollert wie ein alter Panzer – und der Typ, der schwankend aussteigt, ist gerade noch jung genug, um nicht im Krieg dabei gewesen zu sein. Mitte sechzig soll der sein? Dafür sieht er ganz schön fertig aus, betrunken ist er auch. Aber gleichzeitig nett und verbindlich, als er mir die Hand gibt und sich entschuldigt – er gibt mir sofort das vereinbarte Honorar, weil er ein schlechtes Gewissen hat. Lodenjacke, Hut, rote Nase. So ein richtiger Bayer halt, wie man sich das vorstellt, fehlen nur noch die Lederhosen. Irgendwie hat das ja auch was: Samstagnacht auf einem bayerischen Bauernhof. Mal wieder was fürs Kuriositätenkabinett.

Er schwankt voran und bittet mich ins Wohnzimmer. Hirschgeweihe, schwere Möbel, Teppiche. So voll aus der Zeit, eine irre andere Welt, aber auch ganz gemütlich – allerdings weiß ich noch nicht, wie ich bei diesem Schrat hier einen hochbekommen soll, aber wir werden sehen, muss er eben zunächst ordentlich blasen.

Aber erst mal kommt er mit einer Flasche Kirschwasser und zwei Gläsern auf einem Zinntablett:»Prosit!«, sagt er und wirkt jetzt schon wieder ein bisschen nüchterner.

Wir kommen ins Quatschen – aber wie! Richtig geil eigentlich. Er erzählt von sich – allein lebt er auf dem Hof, seit seine Mutter gestorben ist –, hauptsächlich verdient er sein Geld mit Viehzucht. Milchkühe und Schlachtrinder. Das finde ich auch interessant, denn einen Bauern treffe ich ja sonst eher selten, weil ich meistens in Großstädten unterwegs bin. Und er ist auch supercharmant, will auch viel von mir wissen, hört zu. Erzählt Schwänke von früher, Witze, ziemlich trockener Humor. Der Kerl könnte zwar mein Vater sein, mindestens, aber er hat das Herz auf dem rechten Fleck. Ein Kirschwasser folgt dem anderen, und irgendwann sind wir total voll.

»Ey, wenn du Geburtstag hast, wo is'n der Kuchen?«, frage ich ihn, weil ich Hunger bekomme.

»Na, na, Kuchen gibt's koanen. Und Geburtstag habe ich doch erst morgen«, antwortet er und schaut in sein Schnapsglas.

»Und, feierst du?«

»Na, na. Das liegt mir nicht«, murmelt er und wirkt auf einmal ein bisschen bedrückt.

Als es Punkt zwölf ist – ich hatte extra immer auf die Uhr

geschaut, unauffällig –, stehe ich auf, zünde mein Feuerzeug und singe:»Happy birthday to you, happy birthday to you, happy birthday, lieber Frahaanz ...«

Und dann habe ich ihn in den Arm genommen und ganz fest gedrückt. Er war ein bisschen betreten, aber ich glaube, dass er sich sehr gefreut hat. Wir haben noch weiter Kirschwasser getrunken und über Franz Josef Strauß und über Bayern gesprochen und darüber, dass er schon als Kind beim »Stanzln« mitgemacht hat. Das ist so eine Art bayerisches Dorfkabarett. Das mit dem Ficken haben wir dann gelassen – hat einfach nicht in die Geburtstagsfeier gepasst. Als ich mit dem Taxi vom Hof fuhr, hat er mir noch lange nachgewinkt.

7 Der Doktor und das liebe Vieh

Bei mir zu Hause in Berlin kann es ganz schön laut sein. Ich wohne an einer Hauptstraße mitten in Schöneberg – aber meistens, wenn ich überhaupt mal schlafe, stört mich das nicht, weil ich so halb im Koma liege vor lauter Erschöpfung. Oft penne ich einfach auf meiner Couch ein, ein Riesenteil mit Millionen Kissen. So wie nach dem München-Trip, sechs Tage nonstop Geld verdienen, da bist du fertig, aber es hat sich gelohnt. Auch ich muss schließlich Rechnungen zahlen.

Jetzt, zurück in der Heimat und endlich wieder in den eigenen vier Wänden, brauche ich aber vor allem ein bisschen Ruhe. Als ich meine Mails lese, kommt mir dieser irre Psychiater gerade recht. Der hat eine Phantasie, die mich erst mal keine Mühe kostet. Er möchte mir streng vertrauliche Patientenunterlagen schicken, von einem Patienten, den er gerade in eine Klinik eingewiesen hat. Und warum? Damit ich ihn damit erpresse, unter Druck setze. Es geilt ihn auf, dass ein Typ wie ich in der Lage ist, seine Existenz zu vernichten. Ein Existenz, die ihm anscheinend nichts wert ist. Und dafür kann er mir gerne hundert Euro überweisen, sofort, per Western Union Money Transfer. Die habe ich schon mal in der Tasche – und wie es weitergeht, das sehen wir dann. Jedenfalls bestimmt nicht so, wie der irre Psychiater sich das so vorstellt. Echt ein Psychopath:»Ich will ein Nichts sein. Ich möchte langsam, aber strukturiert vernichtet werden.« Hört sich irgendwie kompliziert an. Und im Moment habe ich noch keinen blassen Schimmer, wie ich das gestalten soll. Was aber auch nicht schlimm ist, denn bei solchen Typen handelt es sich oft um Langzeitprojekte, man kann sich also Zeit lassen. Wenn man zu viele solcher Typen auf einmal am Start hat, muss man allerdings auch aufpassen, dass man sie nicht verwechselt und den Überblick verliert.

Die letzte gefakte Erpressungsnummer war dagegen ein Spaziergang, unkompliziert. Ein Bankangestellter wollte, dass ich ihn mit einem Video von einer unserer Sessions unter Druck setzen sollte. Ich bin daraufhin einfach zur Bank gegangen, mit dem Videoband in der Tasche, und er musste mir auf dem Klo einen blasen unter der Androhung, dass ich das Band an seinen Chef schicke. Und zwar waren wir nicht auf der Kundentoilette, sondern auf dem Personalklo, das auch von seinen Kollegen benutzt wird. Muss ganz schön langweilig sein, so ein Job bei der Bank.

Finanziell lohnt sich so was kaum, der Typ hat dafür nur den normalen Tarif gelöhnt, hundert Euro. Eine Susanne Klatten, die wäre schon eher interessant, auch wenn die Typen, die sie erpresst haben, sich einfach bescheuert verhalten haben. Sie haben es übertrieben, immer mehr Geld verlangt, zuletzt 49 Millionen Euro, obwohl doch bereits sieben Millionen geflossen waren. Mit diesem Geld hätte man sich prima zur Ruhe setzen können.

Ein Kumpel von einer Freundin hat immerhin mal ein Auto gezockt. Das geht dann so: Entweder du gibst mir deine Karre, oder deine Familie erfährt alles. So was kommt oft vor, aber meistens erfährt eben nie niemand was. Du kannst jemanden erpressen, wenn er was zu verlieren hat: Familie, Job, Reputation. Aber ehrlich gesagt habe ich was gegen Kriminalität. Das, was ist ich mache, Prostitution, ist ja prinzipiell legal. Das ist ja längst legalisiert in Deutschland. Ich kann Sozialleistungen in Anspruch nehmen, mich normal bei der Krankenkasse melden. Ich könnte mit meinem Gewerbe sogar eine Ich-AG gründen und Fördergelder von der Bundesagentur für Arbeit beantragen. Ein Typ in Bayern hat das tatsächlich gemacht. Die von der Bundesagentur müssen ganz schön blöd aus der Wäsche geschaut haben, aber sie konnten nichts machen. Selbständig ist Selbständig. Auch nur ein Job, ha ha!

Apropos: Aus der Patientenakte, die mir der Psychiater geschickt hat, werde ich überhaupt nicht schlau, und mir ist immer noch nichts eingefallen. Am besten bestelle ich ihn mir irgendwohin, wir schieben eine Nummer, und dann lasse ich das Ganze mal schön im Sande verlaufen.

Also, ich brauche jetzt einen Kurzurlaub. Ich würde ja gerne mal auf die Seychellen, aber das bekomme ich nie auf die Reihe. Immer ist irgendwas, immer läuft irgendwas, und allein die Idee, so was langfristig zu planen und zu buchen, das finde ich echt unvorstellbar – außerdem: Das ist bei Selbständigen ja auch immer so, dass ein Urlaub doppelt kostet, das »Gehalt« läuft nicht weiter, statt dessen fehlt auch noch der Verdienst.

Also rufe ich zwei Kumpels an – und sie haben auch Lust, ins Tropical Island zu fahren. Das ist so eine Riesen-Wellness-Freizeit-Anlage in Brandenburg, in einer riesigen Halle, in der eigentlich mal Luftschiffe der Firma CargoLifter gebaut werden sollte, ein Luftschloss für Luftschiffe, die am Ende nie abgehoben haben.

Paul ist Musiker, wir reden viel zusammen über Musik. Er spielt Saxofon und Klavier, macht aber jetzt elektronische Musik, nicht sonderlich erfolgreich – leider. Leben kann er davon nicht, der Paul, den kenne ich jetzt schon sechzehn Jahre. Außerdem ist Joe mit im Auto, mit seiner Exfreundin war ich früher in einer Klasse, daher kennen wir uns. Er macht auch Musik, House. Er macht Platten, ist ganz erfolgreich als DJ, kein großer Star, aber immerhin.

Auf dem Weg in Richtung Tropical Island hören wir Joes neueste Scheibe, er hat sie mir extra gebrannt für die Fahrt. Ich bin gerne mit den Jungs unterwegs, ich kann mit ihnen über alles reden. Sie wissen auch, was ich mache, und haben damit kein Problem.

Es gibt nämlich Freunde, die irgendwann moralisch daherkommen und nerven, dass ich mal was Solides auf die Beine stellen soll. Aber so richtig ernst nehmen kann ich das nicht, gerade bei Leuten in meinem Alter. Die haben bislang alle selbst noch nicht wirklich was auf die Reihe bekommen, sind vielleicht verheiratet und vögeln ständig fremd, haben zwei Kinder, aber von zwei verschiedenen Frauen. Machen was »Kreatives«, aber können nicht davon leben. Ich meine, was nutzt das, sich vorzumachen, dass man Künstler ist oder Musiker oder der große Zampano, und eigentlich ist nichts dahinter, eigentlich muss man irgendwo kellnern, im Fitnessstudio an der Kasse sitzen oder ähnlichen Scheiß machen, damit man die Rechnungen bezahlen kann.

Ich habe ja selbst jahrelang als DJ aufgelegt, das war auch eine tolle Zeit. Die ganze Nacht auflegen, geile Musik, die ich mag, mit all den Leuten quatschen, die vorbeikommen – und danach, nach Feierabend, morgens um fünf die Gage versaufen, einen draufmachen. Das ging aber irgendwann nicht mehr, ich glaube, weil ich es selbst einfach versaut habe. Ich war irgendwann nur noch vollgedröhnt, habe zu viel gesoffen und Scheiße gebaut, mich mit den Veranstaltern gestritten.

Vermutlich habe ich den Job nicht ernst genug genommen, ihn nicht richtig gemacht, nicht alle Kraft reingesteckt, die man eben braucht, wenn man richtigen Erfolg haben will. Vielleicht hatte ich auch einfach nur Angst, dass es für die richtig große Karriere nicht reicht. Da habe ich mich lieber versteckt, bin abgehauen vor der Herausforderung. Und irgendwie war ich dann mit einem Schlag wieder auf dem Internetstrich.

Von außen wirkt das Tropical Island wie ein UFO, das aus Versehen im märkischen Sand gelandet ist. Und von innen ist es im Prinzip ähnlich: voll die Parallelwelt, 24 Stunden geöffnet. Ich halte es aber höchstens drei bis vier Stunden dort aus, auch weil ich spätestens dann nicht mehr verdrängen kann, dass es ein Fake ist, ein Fake für 25 Euro. Mal ist man in der Karibik unter Palmen mit Whirlpool, und im nächsten Moment steht man vor einem Tempel in Nepal. Alles super gemacht, aber es sind eben zu viele Orte auf einmal, zu viele Träume, die in eine Halle gequetscht sind, das kann gar nicht wahr sein, eine reine Kunstwelt.

Aber die drei, vier Stunden, in denen die Illusion anhält, die mag ich sehr gerne. Sogar auf der Wasserrutsche amüsiere ich mich, das erinnert mich an früher, das mochte ich als Kind so gern. Ansonsten: sich im warmen Wasser mit Blasen beblubbern lassen und mit den Jungs quatschen; mit den Umland-Mandys flirten, in der Saunalandschaft schwitzen – endlich mal eine Sauna, bei der es nicht ums Ficken geht. Das alles finde ich super.

Überhaupt geht es hier nicht ums Ficken, mir jedenfalls nicht. Ich weiß ja nicht, was die Leute hier im Kopf haben, wenn sie alle halbnackt aneinander vorbeilaufen. Die ganze Welt ist hier unterwegs, uralte Omas, Kinder, sonnenbankgegerbte Dorfschönheiten, Teenies in Rudeln, wie in einem Einkaufszentrum, in dem alle mit Badehose rumlaufen. Und ich bin einfach einer davon, nicht mehr, nicht weniger. Niemand will, dass ich ihn unter Wasser drücke und halb ersticke, niemand will, dass ich ihm meine Faust in den Arsch schiebe oder ihm die Hoden blau trete – und niemand weiß, dass ich damit sonst mein Geld verdiene. Ich weiß schließlich auch nicht, womit die Dauerwellenbraut in der Dampfsauna ihr Geld verdient. Vielleicht ist sie Geheimagentin. Oder Sekretärin. Oder sie hat ein Nagelstudio in Bernau.

Nachdem wir ein, zwei Stunden herumgetollt sind, bekommen wir Hunger und gehen in eines der Restaurants. Ich bestelle mir immer das Gleiche: lecker knusprige Chicken Wings. Das ist für mich dann so, als hätte ich den ganzen Tag am Strand gelegen, und abends ginge ich nach einer erfrischenden Dusche im Hotel in ein Restaurant, um in der warmen Abendluft zu Abend zu essen. Jedenfalls stelle ich mir das so vor. Denn in Wirklichkeit ist mir jedes Mal schlecht nach den Chicken Wings. Und in Wirklichkeit ist das billiger Industrie-Fertig-Tiefkühldreck, die warme Luft kommt aus der Klimaanlage, die Palmen sind aus Plastik, und die Frau mit dem Nagelstudio in Bernau hat Fußpilz, wie man gut sehen kann, sie sitzt am Tisch gegenüber. Und plötzlich scheint es mir doch verdammt lange her zu sein, dass ich im Kreuzberger Prinzenbad Wasserbomben gemacht und Pommes mit Ketchup gegessen habe.

»Lass uns mal abhauen, ich bin heute Abend noch verabredet«, sagt Joe. Ich nicke nur mit dem Kopf.

Zu Hause schaue ich mir die *Simpsons* an und bin ein bisschen deprimiert. Es ist ein Gefühl, als ob die Klassenfahrt zu Ende ist und man am nächsten Tag wieder früh aufstehen muss, um zur Schule zu fahren. Nicht, dass ich jemals wirklich früh aufstehen würde, aber die Schulklingel meldet sich trotzdem, und zwar in Form einer SMS.

»Hallo, mein Name ist Andreas, ich wohne in Prenzlauer Berg und hätte Lust auf eine Fisting-Session. Was würde das kosten?«

Eigentlich wäre ich lieber mit den Jungs ins Kino gegangen. Die Fisting-Nummer. Auch schon länger her, dass das ein Trend war. Vor zwei bis drei Jahren wollten das alle, aber mittlerweile wird das eher selten nachgefragt. En vogue ist gerade Vernichtung, Beherrschung und totale Kontrolle, die »Mach mit mir, was du willst«-Nummer. Ich weiß nicht genau, ob es an der Zeit liegt oder an mir, also dass ich inzwischen erwachsener, älter geworden bin und die Leute daher eher die Unterwerfungsnummer wollen. Aber seltsam ist das schon.

Also gut, Fisting. Ich gehe ins Bad, um mir die Nägel extrem kurz zu schneiden. Die Nägel müssen kurz sein, damit man den Kunden nicht verletzt – trotz der Gummihandschuhe. Auch die sind am Platz im Regal, wenn mich mal ein Unwissender besucht, könnte er denken, ich sei Arzt, wenn er mein Bad sieht. Da liegt auch ein Verbandskasten, man kann ja nie wissen ...

Dr. Cem macht sich also auf den Weg zum nächsten Patienten. Draußen hat es kräftig geregnet, viel Verkehr, die Geschäfte haben noch geöffnet, die Leute gehen einkaufen nach der Arbeit – und ich fange gerade erst an. Ich drehe die Musik voll auf, nachdem ich aus der Tiefgarage raus bin. Ich muss mich aufputschen, muss irgendwie in Stimmung kommen, sonst mache ich keinen guten Job. Wenn ich so drauf wäre wie die müden Trantüten, die sich auf dem Nachhauseweg befinden, um vor dem Fernseher eine Tiefkühlpizza zu essen – dann könnte ich das nicht bringen, was jetzt auf mich zukommt.

Andreas aus Prenzlauer Berg freut sich ja auf etwas Außerordentliches, für ihn ist das was ganz Tolles. Wahrscheinlich steht er gerade in der Küche, um das J-Loup anzurühren. Das ist das beste Gleitmittel, das es für diesen Zweck gibt. Ein Pulver, das man mit Wasser verrühren muss. Der Klassiker ist eigentlich Crisco, das ist sozusagen die amerikanische Variante von Sanella, eine Backmargarine, mit der Ami-Mütter Cookies backen – und die von ihren unartigen Söhnen für schmutzige Spiele missbraucht wird. Aber das Zeug stinkt seltsam, ich benutze das nicht. Plätzchen backen. Albern.

Am Helmholtzplatz bekomme ich natürlich wieder keinen Parkplatz, und am Ende stehe ich halb auf dem Bürgersteig, aber Termin ist Termin. Dachgeschoss und kein Fahrstuhl, klar.

»Hallo, Andreas, sag mal, kann ich mal dein Bad benutzen, dringend?«

Du meine Güte, sieht der Typ vielleicht beschissen aus, denke ich, als ich im Bad stehe. Am liebsten würde ich durch das Schrägfenster abhauen, einfach über die Dächer und weg. Aber in dieser Gegend kommt man jetzt nicht mehr weit, es gibt überall Zäune und Plexiglaswände zwischen den einzelnen Häusern wegen der Dachgeschosswohnungen. Die Leute, die dort oben jetzt wohnen, haben Angst, dass eingebrochen wird – zu Recht, denn bei ihnen gibt es meist was zu klauen.

So wie bei dem Schmierlappen, der in einer offenen Küche auf mich wartet – und klar, dort steht auch schon die Schüssel mit dem J-Loup. Im Hintergrund läuft der größte Flatscreen der Welt, ein Plasma-Teil, irre teuer.

»Toll, dass du Zeit hast – du bist ein geiler Kerl«, sagt er, »ein richtig geiler.«

Er sieht aus wie ein Typ aus dem Verkaufsfernsehen und ist leider gar nicht geil. Und das wird auch nicht besser, als er sich auszieht und erwartungsfroh auf sein Bett kniet. Jetzt sieht er nämlich so aus wie Peter Bond nackt im Dschungelcamp: weiß, teigig, fettleibig, Cellulitis an den Oberschenkeln. Und

Andreas Bond aus dem Verkaufsfernsehen ist ein echter Profi. Er hat sich vorher ein Klistier gesetzt, den Darm komplett gespült, J-Loup angerührt, Handschuhe liegen auf dem Nachtisch, und seine Portion Ketamin hat er sich eben in ausreichender Menge durch die Nase gezogen. Ketamin ist eigentlich ein extrem starkes Schmerzmittel, aber in der richtigen Dosierung eine krasse Droge, die nicht nur Schmerzen betäubt, sondern einen extrem geil macht, völlig entgrenzt. Nur wenn es schiefläuft, drehen die Leute total ab, aber nur für eine halbe Stunde, Zittern, Schweißausbrüche, Angst – Angst, dass ihre Seele den Körper verlassen hat, und ähnlichen Quatsch, sie sehen sich selbst von oben und so weiter. Ich habe das einmal zusammen mit einer Freundin genommen, das war geil, wir waren drei Tage drauf, ich hatte immer Bock zu ficken – und wir haben ununterbrochen gelacht. Aber Peter-Andreas, der Profi, hat weder Probleme, noch lacht er.

Das mit dem Fisten ist bei jedem anders, bei den einen kann man froh sein, wenn man überhaupt die ganze Hand in den Arsch bekommt. Die sind unerfahren oder können sich ganz einfach nicht ausreichend entspannen – trotzdem sie eine halbe Flasche Poppers geschnüffelt haben.

Aber Andreas aus dem Dschungelcamp ist ein Buddha, nicht nur optisch. Ein bisschen fingern, schon ist die Hand im Enddarm. Er ist offen wie ein Scheunentor, ich kann mich mühelos durchfriemeln bis in den Dickdarm. Ich mag das eigentlich ganz gern, ist immer schön warm. Und eigentlich ist das mit der intimste Kontakt, den man überhaupt haben kann. Je nachdem, wie tief man in jemandem drin ist, spürt man sogar die Hauptschlagader, ist ganz nahe dran an den Organen. Ich meine: Dichter ran geht's nicht mehr, es sei denn, man ist ein Kind in Muttis Gebärmutter. Wenn die Typen nett sind und sie mir gefallen, kann das wirklich sehr schön sein. Da gibt sich jemand wirklich hin – und man muss auch aufmerksam und zugewandt sein. Wenn es schiefläuft, kann man den anderen verletzen, und er hat dann innere Blutungen. Aber Andreas Buddha ist krass. Mittlerweile bin ich bis zum Ellenbogen in ihm drin – und nun fängt er an, auf meinem Arm zu reiten. Und er grunzt dabei wie ein Tier, gibt völlig viehische Laute von sich. So was habe ich noch nie gehört. Und schließlich, nach gefühlten zwanzig Minuten, in denen er sich meinen Unterarm reinschiebt, immer wieder bis zum Anschlag, bis es wirklich keinen Zentimeter mehr vorgeht, nach gefühlten zwanzig Minuten, in denen ich immer wieder brav meine O-Töne von mir gebe –»Du geile Sau, das macht dir Spaß, heh? Ja, schieb ihn dir rein, tiefer, komm Alter, du schaffst doch noch mehr« –, habe ich das richtige Bild: Andreas ist eine Kuh. Eine grunzende Kuh, ein Vieh, das sich anhört, als würde es gerade geschlachtet. Andreas ist schon seit gefühlten zwanzig Minuten kein Mensch mehr. Er ist jetzt nur noch ein Stück Fleisch ohne Gehirn, und in diesem Stück Fleisch steckt mein Arm. Er ist wirklich ein Profi, denn er hat genau das erreicht, was er wollte: Nicht mehr zu sein.

Und ich, Dr. Cem, komme mir eher vor wie Dr. James Herriot aus *Der Doktor und das liebe Vieh*, den Arm im Uterus einer Kuh. Ich will auch nicht mehr sein: nicht mehr hier sein bei diesem Stück Fleisch. Aber Gott sei Dank kommt er dann endlich – und das Schöne bei Männern ist ja, dass dann Ruhe ist, nachdem sie gekommen sind.

8 Allein unter Blue Boys

Manchmal gehe ich nach Feierabend noch in eine über Berlin hinaus bekannte Szenebar in Schöneberg. Ein Stricherlokal, und das bedeutet auch: Ich gehe da nicht zum Arbeiten hin. Ich bin ja kein Stricher, das ist wirklich was anderes. Aber ich bin dort ab und zu gern, ich kenne den Wirt, auch manche der Stammgäste. Außerdem wird es dort nie langweilig, es ist so ein richtiger Kiez-Laden, bei dem man nie weiß, wer gleich reinkommt, die nette alte Transe aus dem Haus nebenan oder ein Priester auf der Suche nach einem Ministranten – oder eben einer der vielen Jungs, die gerade neu aufgekreuzt sind in Berlin, von wer weiß woher, klar, meistens irgendwo aus Osteuropa. Die kennen anfangs niemanden, aber später hängen sie oft im Rudel rum. Ist ja auch klar, wenn man fremd ist in einem Land. Und dort die gleichen Erfahrungen macht.

Heute Abend ist es ziemlich leer, ich setze mich auf eine Bank am Rand, von der aus man das ganze Geschehen überschauen kann. Die Bank ist wie eine Opernloge, man sitzt ein bisschen erhöht, ist mitten drin und doch nicht so richtig erreichbar, und das ist mir recht. In der Ecke sitzt ein Junge, vielleicht neunzehn oder zwanzig, mit iPod-Stöpseln im Ohr und

Basecap, er löffelt gierig eine Kartoffelsuppe. Draußen ist es ja auch verdammt kalt, und womöglich hat er gerade auf dem Spielplatz um die Ecke einen Freier bedient. Weil der zu geizig war, die zwanzig Euro für ein Zimmer in der Pension Stockholm nebenan zusätzlich zu investieren. Was nun wirklich nicht die Welt ist. Die Pension ist in Ordnung, nicht wirklich schön, aber sauber. Die zwanzig Euro für eine Stunde.

Aber klar: Die Herren Freier sind knauserig, sonst würden sie sich ja auch nicht im untersten Segment der käuflichen Sexualität bedienen. Kleine Jungs, hilflos, schutzlos, weggelaufen, auf Drogen, entweder hetero oder sexuell noch gar nicht wirklich reif und sich ihrer selbst überhaupt nicht sicher, insbesondere was ihre sexuelle Orientierung anbelangt. Wobei ich den Eindruck habe, dass die meisten ganz einfach hetero sind. Andere sehen das anders, aber na gut. Auf diesen Typ Freier jedenfalls habe ich manchmal eine richtige Wut. Vielleicht auch, weil ich mich dann selbst sehe, mit neunzehn im House of Boys, wie ich auf der Couch sitze und Nudeln vom Chinesen in mich reinschaufele, darauf warte, dass endlich ein Kunde kommt, damit ich am Abend genug Geld in der Tasche habe. Na ja, am Ende wundern sich die Leute dann, warum von den Strichern so viel Gewalt ausgeht. Kann einen das wundern? Sogar ich verhalte mich eher vorsichtig in ihrer Gegenwart. Einige von denen sind ständig zugedröhnt – sie ziehen sich den letzten Mist durch die Nase. Das Zeug, das in diesem Kiez vertickt wird, ist richtig beschissen, und davon kommt man dann eben unter Umständen richtig beschissen drauf. Besonders, weil sich bei den Jungs auf die Dauer oft ganz schön was aufstaut.

Das geht meist eine Weile gut. Am Anfang lassen sie sich nur einen blasen, das ist die niedrigste Schwelle, das kratzt einen nicht an. Dann ficken sie jemanden. Dann lassen sie sich mal am Arsch lecken, weil das ja theoretisch eigentlich auch nicht kratzt, sondern den Arschlecker demütigt. Doch irgendwann überschreiten sie ihre Grenze und lassen sich ficken. Weil sie kein Geld haben, weil sie auf Entzug sind oder weil ihnen sowieso schon alles egal ist. Das geht noch eine Weile gut, doch irgendwann treffen sie auf jemanden, der die Grenze um einen Zentimeter überschreitet, etwa ihren Kopf mit sanfter Gewalt in Richtung Hosenbund schiebt, oder der einfach einen blöden Spruch macht. Und dann: Bäng, hat der Freier ein Messer im Bauch oder einen Fußtritt im Gesicht.

Das ist der Punkt, wenn das extreme Machogetue, mit dem diese jungen Burschen ihre Unsicherheit und den Zweifel an ihrer männlichen Identität überspielen, nicht mehr ausreicht. Der Punkt, an dem sie im Kern angekratzt werden und komplett ausrasten. Notwehr, eigentlich. Niemand sieht Männer als Opfer, als verletzliche, sensible Wesen – vor allem die Männer selbst nicht. Ein Mann hat alles unter Kontrolle, und wenn er entscheidet, dass er seinen Schwanz vermietet, entscheidet er das eben so, kein Problem. Aber selbst einen Schwanz im Arsch zu haben? Das hat eigentlich noch keiner wirklich geschafft: Geficktwerden mit Männlichkeit in Einklang zu bringen, sogar die Schwulen haben Probleme damit. Wer gefickt wird, ist eine Frau.

Ich könnte den Job nicht machen, wenn ich mich ficken lassen würde. Die Vorstellung, dass ständig jemand in mich eindringt, ist mir unerträglich. Geht gar nicht. Wobei ich damit mein Einkommen – vorübergehend zumindest – extrem steigern könnte: Ein türkischer Fickhengst, der sich ordentlich durchnageln lässt, das wäre dann für viele Klienten auch wieder ein Kick.

Ich bestelle mir bei dem supernetten Barmann noch einen Whisky und grüße den Besitzer der Bar, der gerade reinkommt.

Ich fühle mich gut aufgehoben hier, wohl. Nur die Jungs mustern mich nicht gerade freundlich, befürchten Konkurrenz. Sie können ja nicht wissen, dass ich nicht zum Arbeiten hier bin, merken aber wohl, dass die Freier-Typen mich anschauen. Aber so was weckt meinen sportlichen Ehrgeiz, ich ärgere die Jungs ein bisschen, indem ich mit einem der Freier flirte, zum Schein ein bisschen anbandeln, aber dann ziehe ich mich wieder zurück. Nun muss der Opa eben mit einem anderen vorliebnehmen, von dem er aber nicht angetan ist. Wäre ich auch nicht. Der Kleine hat eine solche Negativausstrahlung, Mundwinkel nach unten, verkniffener Gesichtsausdruck, hübsch ist er auch nicht.

So wird das nie was mit dem Geschäft. Ich meine, der bekommt auch seine Kunden ab, bestimmt. Aber er macht eigentlich alles falsch, wanzt sich an die Typen ran, penetrant. Und die riechen den Braten sofort, riechen, dass der Typ pleite ist und verzweifelt. Und dann spielen sie mit ihm. Spielen sich vor ihm auf und machen einen auf dicken Macker, und später versuchen sie, den Preis runterzudrücken. Am Ende lassen sie ihn stehen und fühlen sich großartig dabei. Und genau das passiert dem Verkniffenen, nachdem der freundliche Opa mit der Baskenmütze gegangen ist. Er gerät an genau so ein Arschloch mit Bauch und aufgeknöpftem Hemd, Mercedes-Schlüssel auf dem Tresen, und läuft schon wieder gegen die Wand. Er schaut mich hasserfüllt an.

Junge, ich könnte dir schon sagen, wie es läuft, aber ich bin nicht dein Vater. Ich könnte dir schon sagen, dass dein Abend heute so endet, dass du einem schmierigen Typen für dreißig Euro einen bläst in der Kabine eines Pornokinos am Bahnhof Zoo, wenn du so weitermachst. Und dass dich das auf Dauer kaputt macht. Ich könnte dir sagen, dass du das nur überstehst, wenn du die Kontrolle behältst und immer obenauf bleibst, kontrolliert bist – und gut drauf. Wenn du Schwäche zeigst, irgendwie down bist oder runtergekommen, hast du einfach verloren. Du musst die anderen in Schach halten, denn sonst wittern sie ihre Chance, dich zu einem Stück Dreck zu machen. Du musst auf Haltung achten. Deine Ausstrahlung ist dein Schutzschild, du musst glamourös sein, ein schwarzer Engel, ein geheimnisvoller, gefährlicher Vampir. Sie müssen Respekt vor dir haben, vielleicht sogar ein wenig Angst. Du musst jemand sein, von dem sie wissen, dass sie ihn nie wirklich erreichen, nie besitzen und kontrollieren können, auch wenn sie noch so viel bezahlen. Eben ein Kerl, unabhängig und frei.

Nein, Junge, ich bin nicht dein Vater. Ich bin selbst gerade mal dreißig Jahre alt. Aber für mein Alter weiß ich vielleicht schon ein bisschen zu viel. Außerdem muss ich mich jetzt meiner eigenen Zielgruppe zuwenden, eine SMS ist eingetrudelt. Ein Typ ist auf der Suche nach einem Fick und möchte dazu ein paar Schläge mit der Peitsche auf den Arsch. Läuft ja doch noch ganz gut heute. Ein bisschen müde bin ich zwar nach dem Tag, aber wenn ich gleich mal kurz und auffällig unauffällig auf die Toilette gehe, ein bisschen die Nase pudern, geht's auch wieder.

Außerdem wohnt mein nächster Kunde ganz in der Nähe, unweit des Kurfürstendamms, teure Gegend. Mache ich mich also auf den Weg, dauert nur zehn Minuten, bis ich da bin. Schönes Haus, mehrere Mietparteien, aber das Ganze riecht nach Eigentumswohnungen. In der Lage! Vor der Tür parken die Perlen der deutschen Autoindustrie – und seine Wohnung ist ein neureicher Mix aus merkwürdigen Stilmöbeln, die aussehen, als hätte er sie in einem Landsitz mitgehen lassen, und typischen Designerschränken, die in Zahnarztpraxen rumstehen. Parkett, schöne Teppiche, alles sauber und gepflegt – von der Putzfrau wahrscheinlich. Sein Schreibtisch thront in der Mitte des Wohnzimmers. Es riecht nach leicht angebrannter Tiefkühlpizza in der Wohnung, auf dem Tisch neben der Couch steht eine dreiviertel leergetrunkene Flasche Wein, auf dem Sessel ein zerknittertes Jackett, der Typ hat ein weißes Hemd an, Kragen gelockert, vorher muss da eine Krawatte gewesen sein. Sieht alles nach einem einsamen Abend nach Feierabend aus. Er wirkt gestresst und erschöpft. Und geil. Doch er scheint ein echt netter Typ zu sein. Zunächst macht er ganz entspannt eine Flasche Rotwein auf und bittet mich, Platz zu nehmen. Die ganze Art, wie er sich verhält, ist locker und zugleich aufmerksam, höflich, er hat gute Umgangsformen. Und alles das löst auch etwas bei mir aus. Ist doch auch klar. So wie man in den Wald hineinruft, schallt es zurück. Man begegnet in meinem Beruf wirklich allen nur erdenklichen Typen, und sie sind alle ziemlich unterschiedlich.

Auch wenn ich die Stilmöbel grauenhaft finde, der Typ hat Stil. Er erzählt, dass er Anwalt ist – und als politischer Berater arbeitet. So richtig im großen Stil. Er kommt gerade aus dem Konrad-Adenauer-Haus, der CDU-Zentrale, stundenlang hätten sie dort getagt. Es ging wohl um eine neue »Kampagne«, aber Näheres hat er nicht erzählt, wollte er, glaube ich, auch nicht. Ganz einfach, weil es ihn gelangweilt hätte, und nicht aus Diskretion. Er selbst sieht ein bisschen so aus, als ob all die langweiligen Meetings und Business-Lunches bereits auf ihn abgefärbt haben, irgendwann in seinem Leben. Armani-Brille, leicht überpflegtes Gesicht, adretter Seitenscheitel. Irritierend ist nur der leicht verhärtete Zug um seinen Mund, der anzeigt, dass er genau weiß, was er will, und genau das auch durchsetzen kann. Und ja, mein Schubkastensystem, das ich mir im Laufe der Jahre zugelegt habe, bestätigt sich wieder einmal, als wir uns weiter unterhalten.

Schubkastensystem? Ganz einfach: Es gibt nur eine begrenzte Bandbreite von Typen, und irgendwann hat man die klassifiziert. Das ist ähnlich wie Käfersammeln – so viele neue Arten werden da ja auch nicht mehr entdeckt. Dieser Käfer hier ist eben der Typ: ambitionierter Karrierejurist mit guten Weinkenntnissen und Interesse an Kunst, Kultur und schweren deutschen Autos in dunklen Farben; zutiefst bürgerlich, aber seelisch insgeheim ein bisschen im Pakt mit dem Teufel. Diese Leute sind zum Teil auf eine Art und Weise abgeklärt, manchmal sogar richtig abgewichst, dass es eigentlich nicht mehr schön ist. Aber nein, nichts Menschliches ist mir fremd. Mir doch nicht.

Wir verstehen uns auf Anhieb, sprechen über Gott und die Welt. Eigentlich: über Menschen. Er erzählt ein bisschen was von seinen Bürointrigen, erzählt, dass Korruption in der Politik und im Leben längst zum Alltag gehört – wer hätte das gedacht – und dass die berühmten italienischen Verhältnisse nicht so weit weg sind, wie man allgemein denkt – weil eben nur ein Bruchteil an die Öffentlichkeit kommt, das heißt nur dann, wenn jemand ein eigenes Interesse daran hat. Beispielsweise jemandem zu schaden, wirtschaftlich oder politisch oder beides.

Nachdem wir uns eine ganze Weile unterhalten hatten, rief ich meinen Dealer an, und er brachte uns innerhalb von zwanzig Minuten was Schönes vorbei. Pizzaservice mal anders, und ich bekomme mit Sicherheit keinen Dreck geliefert bei meinen Kontakten – was sogar den Herrn Anwalt beeindruckt hat, so gutes Zeug bekommt selbst er nicht alle Tage. Über unser gutes Gespräch haben wir den Sex fast vergessen. Oder er war einfach höflich und freundlich genug, um nicht zu drängeln. Ich habe ihn dann irgendwann gefickt, in den Mund und in den Arsch, ein paar Ohrfeigen, bisschen den Hintern versohlt mit der Peitsche, eine Sache von vielleicht zehn Minuten. Und für mich total nebensächlich.

Interessant war das Gespräch, die Begegnung. Auf eine Art macht mich das stolz, wenn sich so ein Typ stundenlang mit mir unterhält, wirklich stundenlang und ohne erkennbare Langeweile. Ich hatte den Eindruck, dass er den Austausch mit mir wirklich schätzte, mich ernst nahm als Gesprächspartner, wir waren, wenn man vom Sex absieht, die ganze Zeit auf Augenhöhe. Ich habe ja auch eine Menge zu erzählen, und Humor habe ich obendrein. So weit voneinander entfernt ist man letztlich nicht im Leben. Ich meine: Das, was sich so alles unter Ausschluss der Öffentlichkeit abspielt, die Abgründe der Menschen, alles das macht am Ende nicht viel Unterschied, ob man so etwas in einem Stundenhotel in Erfahrung bringt oder in einem Konferenzraum. Am Ende sind die Menschen wohl doch eher alle gleich. Alle gleich egoistisch und knallhart. In diesem Sinne weiß ich natürlich auch, dass ich für einen Typen wie diesen Anwalt ein exotisches Tier bin, jemand, der einen mal auf andere Art und Weise unterhält und fasziniert. Klar, ich bin für ihn ein Kick, für den er bezahlt. Bungee Jumping mit Arschfick. Na und? So ist das nun mal. Aber wenn jemand wie dieser Anwalt sich mal wirklich entspannen kann – und eine gute Zeit hat, gibt das am Ende auch mir eine gutes Gefühl.

Es gibt schließlich auch Leute, die rufen einen an, wie man einen Fernsehtechniker anruft, weil irgendwas mit dem Empfang nicht stimmt. Ich merke das meistens recht schnell und verschwinde nach der Nummer einfach so schnell wie möglich. Das ist kein schönes Gefühl, wenn man fragt: »Wollen wir noch ein Bier trinken?«, und als Antwort bekommt: »Ich muss morgen früh raus.« Das führt dazu, dass man sich benutzt fühlt, und wenn man das zulässt, ist man am Ende frustriert. Davon hat niemand was.

Vor ungefähr einem Jahr zum Beispiel war ich abends am westlichen Stadtrand von Berlin bei einem Empfang, eine Werbeagentur veranstaltete dort in einer alten Villa am See ihr Sommerfest. Großer Bahnhof, überall Fackeln im Garten, Kellnerinnen mit langen weißen Schürzen, die einem ständig Champagner nachschenkten. Ein Stammkunde hatte mich mitgenommen, weil er keine Lust hatte, allein hinzugehen.

Escort heißt ja nicht umsonst übersetzt »Begleiter«, und es kommt öfter vor, dass der Job eigentlich nur darin besteht, mit jemandem einen schönen Abend zu verbringen, ohne auch nur für einen Drink bezahlen zu müssen. Und das macht einfach Spaß, wenn die Typen in Ordnung sind. Mein Kunde ist an diesem Abend schon früh wieder abgehauen, und er hatte kein Problem damit, dass ich noch länger geblieben bin.

Mir hat es dort nämlich wirklich gut gefallen. Eine laue Sommernacht am See, lauter toll aussehende Menschen – wie im Film. Irgendwann saß ich an einem Tisch mit einem der bekanntesten deutschen Modedesigner. Der war supercharmant und witzig und hat sich lange mit mir unterhalten, obwohl er wirklich einen ganzen Schwarm von Putzerfischen um sich herum hatte, die mich alle misstrauisch beäugten. Aber die interessierten ihn nicht.

Stattdessen hat er mit mir über einen Vertrag gesprochen: »Mensch, guck mal, der sieht aus wie ein Topmodel«, hatte er zu einem seiner Begleiter gesagt.

Das fand ich natürlich gut. Und die Putzerfische wären in diesem Moment gerne Haie gewesen. Waren sie aber nicht, und wir zwei hatten einen super Abend. Meine Güte, ich glaube wir haben uns an dem Abend einen Kleinwagen durch die Nase gezogen, und irgendwann später kniete Mr. Mode in einer der Toilettenkabinen vor mir, um mir einen zu blasen.

Geld habe ich dafür keines genommen, er wusste ja auch gar nicht, dass ich käuflich bin.

Ich meine, der Jüngste ist er nicht mehr und für mich sexuell nicht wirklich attraktiv, aber darum ging es in dem Moment gar nicht. Ehrlich gesagt: Das war für mich ein Kompliment, dass ein so interessanter, kreativer Mensch, der wirklich was zu sagen hat, mich begehrt. Wow! Aus dem Vertrag ist dann zwar nie was geworden – ich habe ihn allerdings auch nie wieder danach gefragt. Trotzdem war das eine interessante und nette Begegnung, eine Bereicherung.

Anders verlief beispielsweise die Begegnung mit noch einem Modedesigner, auch kein ganz Unbekannter. Für unseren ersten Termin hatte er extra eine Wohnung angemietet und sich eine Maske übergezogen, um anonym zu bleiben. Blöd nur, dass man ihn auch unter einer Ganzkörperverpackung zehn Meter gegen den Wind erkennen würde.

Ich finde es schon ziemlich absurd, wenn Leute versuchen, etwas zu verstecken, was nicht zu verstecken ist. So wie Moshammer. Anlässlich dieses Falls tauchte mein Berufsbild ja vorübergehend in den Medien auf. Wie gesagt: meistens, wenn ein prominenter Kunde ins Gras beißen musste. Und natürlich gibt es jede Menge Prominenter, die professionelle Dienste in Anspruch nehmen. Warum sollte auch nur ein Michel Friedman mit Nutten rumkoksen. Bei den Promis, die Männer bevorzugen, gilt jedoch eine noch höhere Diskretionsstufe als bei den Heteropromis. Einem von Boulevardzeitungen und auch angesehenen Nachrichtenmagazinen großflächig vorgeführten Friedman wurde am Ende sogar der unterstellte Besuch von Zwangsprostituierten verziehen, und inzwischen darf der Herr wieder im Fernsehen auftreten.

Aber wenn ein Mann damit auffliegt, dass er mit einem Stricher im Hotel verschwunden ist? Das ist kein Thema für den Boulevard, nicht »Mainstream« genug. Und auch der *Stern* hebt einen »Gigolo« nur auf den Titel, wenn er eine Frau bedient hat und somit noch ansatzweise in der gesellschaftlichen Ordnung steht – so wie Sgarbi Frau Susanne Klatten, die ja am Ende übrigens ganz schön cool war: Sie hat sich nicht erpressen lassen, sondern hat ihn angezeigt, ohne Rücksicht auf Verluste. Mutig.

Doch was schwule Begegnungen angeht, ohne Namen zu nennen – das kann ich mir nämlich nicht leisten: Ein männlicher Actionheld kann im Film nicht mehr glaubwürdig eingesetzt werden, wenn herauskommt, dass er schwul ist. Dann ist es vorbei mit den Millionen-Dollar-Blockbustern. Dann gibt's nur noch Rollen in Independent-Filmen, in denen er Schwule spielt. Mich wundert es allerdings, dass zum Beispiel Modedesigner glauben, ein Bekenntnis zu ihrer Sexualität schade dem Geschäft. Beim Moshammer war das etwas anderes, er kam noch aus einer Zeit, in der Schwulsein kriminell war und komplett geächtet. Und in Bayern ganz besonders.

Man sagt ja immer, Moshammer würde noch leben, wenn er ein schnurloses Telefon gehabt hätte. Das war so ein pietätloser Witz, der damals umging. Aber in Wirklichkeit wurde er mit einem Stromverlängerungskabel erwürgt – und da stimmten, glaube ich, noch andere Dinge nicht. Die ganze Wahrheit über diesen Abend kennt niemand außer dem Täter – und natürlich Moshammers Köter Daisy. Ich habe damals die Berichte im Fernsehen gesehen und auch ein paar Artikel in der Zeitung gelesen, aber überzeugt hat mich das alles nicht. Er hat sich ja wohl einen Gelegenheitsstricher am Münchener Bahnhof aufgelesen, einen Iraker, Typ richtiger Kerl. Das war ein Hetero mit Spielschulden, der dringend Geld brauchte – das hat er jedenfalls später ausgesagt.

Es ist irgendwie immer das gleiche Drama. Prominente Ziervögel wie der Modeschöpfer Gianni Versace oder der Filmemacher Pier Paolo Pasolini werden von einem Stricher plattgemacht, und hinterher tun alle so, als sei ein Meteorit vom Himmel gefallen oder ein UFO gelandet: »Wer hätte das gedacht?!«

Allerdings muss ein Moshammer gewusst haben, dass ein Spiel mit solchen Typen verdammt gefährlich werden kann. Deshalb glaube ich auch, dass er genau diese Gefahr gesucht hat. Natürlich ist es im Irak normal, dass ein Mann auch mal einen anderen Mann vögelt, aber das Ganze ist trotzdem eine komplizierte Angelegenheit. Da wandelt man auf einem ganz schmalen Grat: Die Typen machen das nur unter der Prämisse, ausschließlich aktiv zu sein. Üblich ist es in der Regel, dass ältere Männer die jüngeren oder Knaben penetrieren, die wiederum keinen Gefallen daran zeigen dürfen. Wenn sie es einfach über sich ergehen lassen, ist das kein Problem, ganz einfach, weil sie noch keine richtigen Männer sind und diesen Status daher auch nicht verlieren können.

Wenn nun jedoch ein Mann einen Mann im gleichen Alter oder gar einen älteren penetriert, wird es schon heikler. Dann handelt es sich bei dem Penetrierten um alles Mögliche, aber keinen Mann, sondern um etwas Verachtenswertes, ein Stück Dreck, ein Loch. Wichtig bei der ganzen Veranstaltung ist außerdem, dass nichts bekannt werden darf. Diese Sexualität wird komplett abgespalten, sie existiert nicht. Weshalb gleichgeschlechtliche Kontakte gerade in muslimisch geprägten Ländern streng verboten sind. Insofern gilt die Regel: Je höher die angedrohte Strafe, desto wilder treiben sie es. Im Jemen zum Beispiel droht die Todesstrafe, und doch gehört Sex unter Männern gleichzeitig zum ganz normalen Alltag.

Ein Typ wie dieser Iraker hatte wahrscheinlich weder ein

Problem damit, einen Arsch zu ficken, noch war es für ihn problematisch, Geld dafür zu nehmen. Aber sobald dieser Rahmen auch nur einen Millimeter verlassen wird, droht Gefahr. Ich war an dem Abend ja nicht dabei, aber aus meiner Erfahrung sage ich, dass Herr Moshammer wusste, was er wollte: von dem Typen fertiggemacht zu werden, womöglich sogar inklusive Tötung. Nun sitzt der Mann lebenslang hinter Gittern. Ich glaube nicht, dass er vor Gericht die Wahrheit sagte über das, was wirklich vorgefallen war. Er versuchte, seine Ehre zu retten, und in der Logik dieser Ehre ist es schlimmer, eine Schwuchtel zu sein als jemand, der eine Schwuchtel umbrachte. Es sei Gottes Wille gewesen, dass Moshammer hatte sterben müssen, so rechtfertigte er sich. Ich glaube allerdings, dass es Moshammers Wille war und der Typ es einfach nicht geschnallt hat. Bei mir wäre Mosi damit jedenfalls an der falschen Adresse gewesen, ich kenne meine Pappenheimer.

9 Fick mit Migrationshintergrund

Schon wieder bin ich auf der Couch eingepennt, einfach so, alle Klamotten außer den Schuhen habe ich noch an. Und als ich die Mails checke und mein Handy anmache, gähnt mir fast das große Nichts entgegen: Es gibt nur eine Anfrage aus Frankfurt am Main – von einem Stammkunden.

»Was hältst du von zwei Gramm? Dann erst mal Warm-up, bisschen blasen, und du fickst mich an. Du organisierst noch zwei, drei Typen dazu, und dann machen wir eine Runde. Ich muss mich an verschiedenen Orten durchknallen lassen, auf Partys oder in Wohnungen. Oder von einem Hetero, der mal ficken will. Was meinst du?«

Frankfurt. Genau. Da wäre es mal wieder an der Zeit, schließlich wohnt in Frankfurt das Geld. Immer noch, hoffe ich, Bankenkrise hin oder her. Jedenfalls eher als in Berlin. Und wenn ich es recht bedenke: Ist nicht bald IAA, die Internationale Automobilausstellung? Ich google das mal schnell. Perfekt. Am kommenden Wochenende ist IAA, und die Kundschaft fliegt aus aller Welt ein.

»Das geht alles klar«, antworte ich. »Aber du weißt, dass das nicht zum Discountpreis geht.«

In Frankfurt wohne ich immer bei einem guten Freund. Der wohnt ein bisschen außerhalb der Stadt, aber bei so viel Geld, das ich in meinem Leben schon für Taxis ausgegeben habe, kommt es dann auch nicht mehr darauf an. Ich war auch schon öfter mit dem Auto in Frankfurt, das kann praktisch sein für die Arbeit. Manchmal packe ich den einen oder anderen Kunden einfach in den Kofferraum und brettere dann mit Vollgas über Kopfsteinpflaster oder probiere einfach mal aus, ob mein ABS noch funktioniert, so dass sie schön gegen die Rückwand bollern. Die mögen das, und ich kann dabei in Ruhe meine Musik hören.

Doch dieses Mal nehme ich den ICE-Sprinter. Die Strecke kenne ich mittlerweile schon im Schlaf, sogar die Zugbegleiter grüßen mich. Ich fahre eben zur Arbeit, so wie andere regelmäßig zu ihrem Verlag nach Frankfurt müssen oder zu Meetings in der Bankzentrale. Und dank Messe wird dieser Frankfurt-Aufenthalt auch vergleichsweise entspannt, also routiniert.

Solche Nummern wie mit dem Stammkunden sind dagegen aufwendig. Ich muss Kollegen organisieren, die zuverlässig sind. Ich muss mich tierisch hochpuschen, damit ich diese Masternummer glaubwürdig durchziehen kann, das ist echt anstrengend. Im Vergleich dazu ist der normale Messekunde wirklich pflegeleicht. Das sind Ingenieure, Vertriebsleiter und Marketingmenschen aus den Autobau-Käffern dieser Welt, von Detroit bis Zuffenhausen, die einen Horrortrip nach Frankfurt, Germany, unternehmen, wo sie mehrere Tage am Stück in stickigen Messehallen stehen und freundlich zu wildfremden Menschen sein müssen, weil eine Menge Geld davon abhängt. In dieser Zeit sind sie fern von allem, was ihnen vertraut und lieb ist. Sie essen nicht vernünftig, trinken zu viel, schlafen kaum, sind gestresst und müssen dabei total fit aussehen und obendrein gut gelaunt sein.

Fern auch von Ehefrauen, sozialer Kontrolle und dem, was man als Ausgeglichenheit bezeichnet. Sie sind in einem Ausnahmezustand, und da bietet es sich an, zur Entspannung ausnahmsweise mal das zu tun, was man sonst nie tut, weil die Welt sowieso schon nicht mehr richtig in den Angeln hängt. Zum Beispiel einem hübschen jungen Mann einen blasen oder sich ausnahmsweise ficken lassen, anstatt immer nur den ehelichen Pflichten nachzugehen. Merkwürdig ist es schon, wenn plötzlich ein Typ vor dir kniet, der optisch nach Kfz-Meister aussieht, im richtigen Leben Abteilungsleiter bei General Motors ist und jetzt darauf steht, einen Ständer im Mund zu haben, anstatt immer nur seinen Mann zu stehen. Er hieß Fred und vielleicht hat er demnächst keinen Job mehr wegen der Wirtschaftskrise. Manchmal macht mir das wirklich Sorgen. Nicht wegen der Nachfrage, die bleibt, aber durch finanzielle Not wächst eben auch das Angebot, und das kann für mich bedeuten, dass ich irgendwann meinen Preis nicht mehr halten kann. Unter die Hundert-Euro-Marke muss.

Bei so einer Messe trifft man die halbe Welt, die sich vorher in der Hotelbar betrunken hat oder gleich auf dem Zimmer, je nachdem wie großzügig ihr Unternehmen mit den Spesen ist. Wobei es aus meiner Sicht ja nichts Langweiligeres als Sex mit Amerikanern gibt. Aus dem Nähkästchen geplaudert, gibt es da genau zwei Typen, wie im Porno: die mit den perfekt durchtrainierten, aufgepumpten und gezupften Körpern, die aussehen wie Ken; und dann die behaarten Muskelfleischbrocken. Fleischig sind sie, die meisten Amerikaner. Und verklemmt. Sie kommen zwar mit der Vorstellung angereist, dass man in »Europe« auf »Nasty Sex« steht, aber dann würden sie es am liebsten im Ganzkörperkondom machen. Alles muss »clean« sein, sie blasen brav mit Kondom, keine Flecken, nichts. Ein merkwürdiges Körpergefühl haben die. Aber bei der Arbeit kann mir das nur recht sein, man hat sie dadurch ja auch von der Backe. Alles schön keimfrei. Nur mit der Toyota-Fraktion komme ich gar nicht klar, tut mir leid. Ich kann nicht mit Asiaten, gar nicht. Bekomme ich keinen hoch. Es gibt sehr gutaussehende Asiaten, jede Menge, aber mit den asiatischen Männern komme ich nicht zurecht, auch nicht mit ihrer Mentalität, die ist mir einfach zu fremd. Die asiatischen Frauen gefallen mir dagegen sehr. Ich denke, das hängt mit unseren europäischen Schönheitsvorstellungen zusammen, Asiaten sind zierlich, und Zierlichkeit passt in unseren Augen zu Frauen und nicht zu Männern. Auch ich habe natürlich meine Bilder im Kopf.

In Frankfurt habe ich manchmal auch türkische Kunden – in Berlin ja sowieso. Und auch dieses Mal meldet sich über Gayromeo ein junger Mann namens Mohammed und fragt auf Türkisch, was ich für blasen und aktiv ficken haben möchte. Auf Türkisch auch noch. Ich ignoriere das einfach – schon, um mich nicht zu blamieren mit meinen miesen Sprachkenntnissen. Er reagiert gar nicht darauf, aber umgekehrt merken die Kunden ja auch nicht, wenn ich meinen türkischen Akzent im Gespräch irgendwann einfach fallen lasse und hochdeutsch spreche. Die hundert Euro zahlt er gerne, wenn ich hoch und heilig verspreche, hundertprozentig diskret zu sein, was ich ihm auch versichere. Was sollte ich auch machen, er schickt kein Foto mit und nichts. Normalerweise würde ich mich darauf gar nicht einlassen, aber ich weiß ja, in welchen Nöten Mohammed steckt. Das, was er möchte, ist bei den türkischen Migranten ein extrem starkes Tabu. Wenn das herauskäme, würde das seinen sozialen Tod bedeuten. Ein türkischer Mann, der bläst und sich ficken lässt? Ogottogott!

Ich verstehe dabei allerdings nicht, wieso sie dann ausgerechnet zu mir kommen. Einen »Türken« zu buchen bedeutet doch zumindest theoretisch ein viel größeres Risiko, irgendwann aufzufliegen. Andererseits vertrauen sie mir wahrscheinlich eher, weil ich den Ernst der Lage einschätzen kann und mich definitiv an das Gesetz des Schweigens halte, während »die« Deutschen ja ständig mit der Regenbogenfahne rumlaufen und am Ende noch in der Talkshow sitzen und alles ausplaudern.

Und ich habe, wie meistens in diesen Fällen, Glück. Als er vor meiner Hoteltür steht, sehe ich in ein unglaublich hübsches Gesicht, auch wenn es mich nicht anlächelt, sondern betreten zu Boden blickt. Er sagt nichts, geht zum Bett, kleidet sich aus und legt sich immer noch wortlos auf den Bauch. Meine Aufgabe ist es nun, ihn so zu behandeln, wie er es möchte, in diesem Fall: wie er es gewohnt ist von einem türkischen Mann. Ich mache also keine Worte, bin nicht freundlich, nicht zärtlich, sondern nehme mir einfach seinen Hintern, als sei er ein Gegenstand. Er gibt dabei keinen Ton von sich. Schon nach kurzer Zeit höre ich auf, sage ihm knapp, dass er sich umdrehen und sein Maul aufmachen soll, und entleere mich in ihm. Kein Drama, keine große Nummer, erst recht nicht die große Shownummer »Cem, der Herrscher« aus Neukölln. Die ist ja für die Leute, die nichts von der türkischen Kultur wissen.

Für Mohammed gibt es das Original, die Entleerung, die schlichte Benutzung. Keine Leidenschaft bei mir, keine Leidenschaft bei ihm. Da wir in einem Alter sind, kann er sich vielleicht vorstellen, dass ich sein Cousin bin, der ihn in der Waschküche vergewaltigt hat, so wie früher. Jetzt, danach, könnte ich auch noch etwas Erniedrigendes zu ihm sagen, aber mir ist nicht danach. Ich mag ihn irgendwie, in seinen Augen kann man sehen, dass er ein liebenswürdiger Mensch ist. Ich glaube, dass er sich eigentlich nach einer Zärtlichkeit sehnt, die für ihn nicht lebbar scheint. Doch die längste Zeit unseres Zusammenseins verbringt er im Badezimmer meines Hotelzimmers, das Wasser rauscht ewig. Er wäscht sich, wäscht sich den Schmutz und die Sünde vom Leib. Und lächelt nur einmal verlegen, als er das Geld auf den Nachttisch legt und geht.

Eigentlich langweile ich mich immer ein bisschen in Frankfurt, ich kenne auch das Nachtleben kaum. Aber das habe ich mit vielen Leuten, die nach Frankfurt kommen, gemeinsam. Man kommt her, um zu arbeiten, und dann verschwindet man wieder. Unheimlich, wie leer diese in der Woche so überfüllte Stadt am Wochenende ist. Freitags sitzen alle im Flieger, Richtung Heimat. London, Amsterdam, Zürich. Tote Hose, es sein denn, jemand vom fliegenden Personal hat Langeweile. Es hat sich, denke ich, herumgesprochen, dass ziemlich viele männliche Flugbegleiter im Bett auf männliche Begleitung stehen, und da komme ich ins Spiel, wenngleich diese Jungs nicht gerade die Hauptkundschaft sind. Nur wenn sie nach langen Arbeitstagen in der Luft einfach zu müde und erschöpft sind, um noch in die Szene zu gehen, um sich vor Ort Sex zu organisieren, wenden sie sich an mich.

Es sind Luftvagabunden, überall auf der Welt zu Hause, überall einen Geliebten oder einen Fuck-Buddy. Aber gerade zu Messezeiten merke ich immer, wie viele Menschen aus beruflichen Gründen mittlerweile so leben. Immer aus dem (Roll-)Koffer, immer unterwegs ohne Sinn und Verstand. Lost in Translation, aber interessant ist, dass sie sich dadurch sexuell offenbar freier fühlen. Einige dieser Trolley-Menschen kommen mir vor wie sexuelle Freibeuter, die fernab des Heimathafens auf Raubzug gehen. Ob sie dieses Glück im Ausnahmezustand wirklich befriedigt, kann ich nicht beurteilen. Aber wenn sie dann nach oder vor dem Sex anfangen zu erzählen … Von dem Stress, den es bedeutet, eine Familie ganz alleine zu ernähren, weil die Frau der Meinung ist, dass eine Mutter bei ihren Kindern bleiben sollte. Die Vorwürfe, weil sie nie zu Hause sind – und wenn sie zu Hause sind, sollen sie auch mal den Abwasch machen und sich um die Kinder kümmern und auch mal zuhören. Dieses Zeugs eben. Manchmal komme ich mir vor wie in einer Männergruppe – und für manche Ehemänner scheine ausgerechnet ich der einzige zu sein, dem sie das alles mal anvertrauen können. Bevor sie wieder nach Hause nach Wolfsburg müssen.

Ich bin froh, dass mir diese Stressnummer mit dem Stammkunden schließlich doch erspart geblieben ist, obwohl das Geld natürlich schön gewesen wäre. Er musste absagen, Terminverschiebungen. Aber ich kenne den schon so lange, auf den ist eigentlich Verlass. Er möchte das bei seinem nächsten Berlin-Besuch nachholen, ist ihm auch lieber, fern der Heimat. Ist exotischer. Und ich freue mich schon nach nur zwei Tagen Frankfurt auf eine Nacht in meinen eigenen vier Wänden.

10 Ficken 2.0

Das Problem ist, dass man das Geld, das man in diesem Job verdient, genauso schnell wieder ausgibt, wie man es eingenommen hat. Und ich gebe einfach besonders gern Geld aus. Wenn ich welches habe, lade ich alle Leute, die ich kenne und um mich herum sind, ein: zum Essen, zum Trinken, auf eine Runde Koks. Habe ich erwähnt, dass ich gerne koche? Ich kann das sogar richtig gut. Ich weiß auf den Punkt genau, wann ein Steak gar ist, ohne auf die Uhr zu gucken. Und ich liebe es, in Ruhe die Zutaten einzukaufen.

Aber heute habe ich noch nichts gegessen, wie so oft. Das Geld aus Frankfurt ist auch wieder aufgebraucht, was vielleicht daran liegen kann, dass ich gerade einige Tage am Stück unterwegs war, nicht um zu arbeiten, sondern um zu feiern.

Jetzt muss ich mich also mal wieder am Riemen reißen. Als erstes unterziehe ich mein Internetprofil einem Mini-Relaunch. Ich halte es zwar generell eher schlicht, aber man kann da nicht immer die gleichen Bilder stehen lassen. Neulich hat mir ein Kumpel eine Mail geschickt:»Sag mal, wieso fotografierst du denn jetzt deine Schuhe, stehen die Leute da drauf? :-).«Ja, und ob.

Es geht darum, tunlichst viele Möglichkeiten aufzuzeigen, Zeichen zu liefern, an denen die Phantasie der Kunden andocken kann. Man stellt ein bisschen seine Persönlichkeit da, aber natürlich nicht wirklich, sonst klappt das mit den Projektionen nicht mehr. Und natürlich darf auch ein Foto vom Schwanz nicht fehlen. Manche Kollegen lassen das bewusst weg, aber meiner Meinung nach ist das wichtig. Denn die Kunden wollen zumindest in diesem Punkt nicht die Katze im Sack kaufen. Das mit den Phantasien und Projektionen ist das eine, das andere ist einfach Porno. Das heißt, dass viele Leute gar keine eigenen Bilder mehr im Kopf haben, wenn es um Sex geht, sondern auf fertige aus dem Internet oder von der DVD zurückgreifen. Und je eher man diesen Bildern entspricht, sowohl körperlich als auch in Verhalten und Ausdruck, desto glücklicher ist mancher Kunde. Es sei denn, sie sind so anspruchsvoll, dass sie genau das nicht wollen, sondern gerade die Ausnahme von der Wiederkehr des Ewiggleichen suchen. Aber das merkt man schnell.

Fest steht: Porno ist einfacher, weil man nur die Klischees bedienen muss. Und mein Schwanz ist ja von Form und Größe her Porno, weshalb er auch ins Netz kommt. Gerade, groß, rasiert, beschnitten. Porno ist auch einfacher, weil man auf dieser Ebene auf alle Fälle an der Oberfläche bleibt. Die Leute prallen dann an mir ab, wie an einer Mattscheibe. Und sie wollen ja auch nicht wirklich an mich ran. Sie onanieren eigentlich, auch wenn ich sie aktiv ficke.

Das ist übrigens eine interessante Veranstaltung, wenn in Berlin die Erotikmesse stattfindet, die »Venus«. Da bin ich ja einerseits sozusagen Fachbesucher, aber andererseits brummt das Geschäft dann regelrecht. Die Kundschaft setzt sich teilweise tatsächlich aus Fachbesuchern aus aller Welt zusammen, die sich mal in der Berliner Sex-Landschaft umschauen wollen, teilweise natürlich aus den Messebesuchern, die von sonst wo nach Berlin reisen.

Sex ist nun mal ein weltweites Business mit vielen Teilbereichen, und einer davon ist die Pornoindustrie. Angebote mitzuspielen hatte ich schon. Viele meiner Kollegen haben das auch schon gemacht. Aber es ist nicht so gut bezahlt, als dass ich riskieren würde, für den Rest meines Lebens eine öffentliche Person mit Ständer zu sein. Es ist zwar so, dass das Thema Porno längst in den Feuilletons verhandelt wird, zum Teil also als eine Kunstform wahrgenommen wird, aber ich weiß eben nicht, ob ein eventueller Arbeitgeber in einem anderen Leben nicht vielleicht eine andere Kunstauffassung hat und ich dann blöd dastehe mit Schlips und Kragen.

Allerdings ist zurzeit so gar nichts los in Berlin, weder Messe noch Filmfestspiele, nichts. Und die Konkurrenz scheint auch nicht zu schlafen. Um überhaupt etwas zu tun, schaue ich halb aus Langweile mal bei den Kollegen vom digitalen Straßenstrich vorbei, auf homo.net, einer Online-Kontaktplattform, bei der man kein Profil braucht, sondern anonym Kleinanzeigen aufgeben kann. Da geht es manchmal richtig gruselig zu, weil die Leute im Schutz der Anonymität viel mehr preisgeben, als man hören will. Zum Teil sind die Anzeigen auch einfach absurd oder schlicht komisch: »Kleines Auto, großer Schwanz«, so wirbt dort ein Escort – mit dem Foto eines Smart! Damit käme er bis zu hundert Kilometer weit angefahren, um die verehrte Kundschaft mit seinem »Megahammer« zu verwöhnen. Ein »heterosexueller Bundeswehrsoldat« lässt sich für dreißig Euro einen blasen, ohne Gegenleistung. Ein »Bisexueller, dessen Freundin gerade nicht da ist«, macht das für zwanzig.

Bei dem Bundeswehrsoldaten handelt es sich wahrscheinlich um eine Military-Fummeltrine, die ihr auf dem Secondhandmarkt gekauftes Outfit von der letzten Fetischparty spazieren trägt. Und der Bisexuelle braucht nicht die zwanzig Euro, sondern einen Sicherheitsabstand zum nicht eingestandenen Schwulsein: Sich zu prostituieren ist innerhalb dieser Logik nicht schlimm, schwul zu sein schon. Na ja, vielleicht kauft er seiner Freundin für die zwanzig Euro wenigstens was Schönes. Und die Schwulen sind andererseits froh über so was, denn für zwanzig Euro bekommen sie die Illusion, einem richtigen Mann einen blasen zu dürfen, was einen größeren Kick hervorruft, als wenn sie dies kostenlos bei einem Schwulen tun, denn schwul ist man schließlich selbst. Wer ständig und überall Sex haben kann, braucht irgendwann die Grenzüberschreitung, um noch einen Kick zu bekommen, auch wenn er weiß, dass an dieser Grenze eigentlich nicht wirklich geschossen wird und längst Reisefreiheit besteht.

Was haben wir noch auf homo.net? Neue Jungs, frisch vom Balkan eingetroffen, machen es im Dreierpack für hundert Euro, »wir dich ficke aktiv, kannst du blasen, lecke«. Ein Vierzigjähriger bietet Bareback-Sex an, also Sex ohne Gummi. Mittdreißiger mit Hängebauch »verwöhnen solvente Boys mit Blasdiensten«, das heißt, sie träumen davon, für ihr Hobby auch noch Geld zu bekommen. Oder sind tatsächlich verzweifelt und greifen nach dem allerletzten Strohhalm. Weshalb sich unter den Kleinanzeigen regelmäßig Hasstexte finden, verfasst von Freiern mit Hängebauch, die wie die Rohrspatzen über die »alten, hässlichen Hartz-IV-Stricher herziehen«, gnadenlos.

Schön ist auch diese Anzeige: »Hallo! Findet sich hier jemand, der mich auf sich reiten lässt wie auf einem richtigen Pferd? Also mit Sattel, Reithosen, vielleicht sogar Sporen, wenn du magst. Ich suche schon länger nach einem Partner dafür, bislang ohne Erfolg. Ich bin 29 Jahre alt, alles weitere dann per E-Mail. Falls ein Escort einmal Lust hat, etwas Geld ohne rein sexuellen Interessen zu verdienen, kann er sich gerne melden.«

Das ist dann der Abgrund. Ich habe bei homo.net auch schon mal eine Anzeige geschaltet, als es ganz mies lief und sich tagelang niemand gemeldet hatte, weder auf gayromeo.com noch über erados.com oder gaycallboys.com, ich aber auch keine Lust hatte, die Stadt zu verlassen. Wenn man sich auf dieses Niveau begibt, ist alles vorbei. Die Leute sind unzuverlässig, wollen den Preis drücken. Oft hat man es dann auch mit Fakern zu tun, also Menschen, die sich für eine bestimmte Person ausgeben und »nur spielen« wollen, die im richtigen Leben niemals den Mut fänden, einen Escort zu buchen und ihre Phantasien auch umzusetzen. Das ist dann wahnsinnig ärgerlich, weil man seine Zeit vergeudet.

Das Netz hat vieles verändert in diesem Job. Das Netz macht Institutionen wie das House of Boys überflüssig. Bewirkt, dass es immer weniger Stricherbars gibt und der Straßenstrich nur noch eine kleine, dünne Linie ist. Für mich selbst ist diese Entwicklung prima, das Netz unterstützt meine Autonomie. Andererseits leistet es der Gelegenheitsprostitution und damit der Billigkonkurrenz Vorschub – siehe homo.net. Aber richtig irre finde ich, dass die Kunden nun anfangen, im Netz Bewertungen abzugeben, das ist dann so wie bei Amazon oder Ebay. Es gibt Foren, wo sie sich ganz offiziell untereinander beratschlagen und erst mal andere Kunden fragen, bevor sie einen buchen. Hallo? Geht's noch? Gästebucheinträge in meinem Onlineprofil bei Gayromeo kann ich löschen, ich kann auch mein komplettes Gästebuch im Netz einfach abschalten. Aber solche Foren? Da müsste man sich theoretisch einen Anwalt nehmen, um eventuellem Rufmord entgegenzuwirken. Ich sage nur Escort 2.0. Wirklich schlimm wird es allerdings, wenn die Leute irgendwann nur noch vor dem Rechner sitzen und sich einen runterholen. Aber ehrlich gesagt glaube ich das nicht. Der menschliche Sexualtrieb ist eine ziemlich zuverlässige Angelegenheit. Eine Gier nach Honig, die sich nicht auf Dauer mit Süßstoff befriedigen lässt.

11 Blasen mit Paulo Coelho

Jetzt ist es schon ziemlich spät am Abend, und ich habe noch immer nichts gegessen. Als endlich eine Mail aus Seelow in Brandenburg kommt, kann ich erst mal nur an eines denken: fettiges Wirtshausessen aus Brandenburg. Würzfleisch, Gulasch, Zwiebelfleisch, lauter unverdauliches, aber manchmal ganz geiles Zeug. Aber bei der Mail handelt es sich nicht um eine Essenseinladung. Blasen, ficken und so weiter, das Übliche.

Ich antworte ihm, dass er die Anfahrt extra bezahlen muss, Benzingeld. Daraufhin kommt erst mal gar nichts. Keine Antwort. Das nervt. Und weil ich mich nicht aus lauter Langeweile besaufen will, fange ich an, ein bisschen aufzuräumen. Und bekomme einen Lachanfall, als ich mir meinen Zeh stoße bei dem Versuch, einen Schuhkarton mit Sachen, die man nie braucht, aber auch nicht wegwerfen möchte, unter das Bett zu stoßen. Da liegt ja noch der zusammenbaubare Käfig! Den hatte mir vor langer Zeit ein Kumpel aus Paris geschickt, ein Kollege.

Mit dem Ding hatte ich schon viel Spaß. Die längste Zeit, die ein Typ darin ausgehalten hat, waren 26 Stunden. Das muss man sich einfach nur mal vorstellen: Im Wohnzimmer steht ein Käfig, darin ein nackter Kerl, der einen um ein Stück Brot anwinselt, während man sich gerade die Zähne putzt oder ein Telefonat erledigt oder die Blumen gießt.

»Das Ding ist ausbruchsicher. Und selbst wenn er nicht stabil ist: Jeder, der daraus ausgebrochen ist, hat das bislang nicht überlebt«, habe ich den Typen angeschnauzt. Ein Blödsinnssatz, bei Lichte betrachtet, aber ihm muss es gefallen haben. Ich habe schließlich wirklich alles getan, damit er sich wohlfühlt. Er hatte zum Beispiel die Phantasie, von einem richtigen Berliner Heterotypen zur Schnecke gemacht zu werden. Bitte schön, habe ich meinen Kumpel Steve angerufen, dass er mal vorbeikommen soll. Diese Nummer hat Steve bis heute nicht vergessen: Als er reinkam, hechelte der Sklave gerade nach Wasser, das ich ihm in einem Napf hinhielt, und weil er es dabei verschüttet hatte, musste ich ihm leider eine reinhauen. So richtig beeindruckt war Steve dann, als der kleine Kriecher sich in seinem Käfig aufgerichtet hat. Ein Riese von einem Kerl und ein Kreuz, als ob er zwanzig Jahre im Hafen gearbeitet hätte. Im richtigen Leben arbeitet er jedoch als leitender Lagerist bei einer Maschinenbau-Firma und hat Frau und Kind im Reihenhaus.

Wenn dieser Seelower Mensch sich nicht gleich meldet, muss er hier antanzen und ab in den Käfig. Diese blöden Typen, die erst mal ein halbes Jahr Bedenkzeit brauchen, bis sie sich trauen. »Und, was ist nun? Wird das noch was mit dir?« Das hilft manchmal, wenn man sie anschnauzt, ein bisschen unter Druck setzt – obwohl denen ja gar nichts passieren kann, einfach offline gehen, und Ruhe wäre.

Eine Mail von einem anderen Typen geht ein: »Hallo, Herr, Ihre Sau hofft, dass es Ihnen gutgeht.«

»Hallo, mein Eigentum«, antworte ich ihm, »und noch besser wäre es, wenn du mal den Postboten spielen würdest, anstatt immer nur Mails zu schicken.«

Ich verlange von ihm regelmäßig, dass er mir einen Umschlag mit hundert oder mehr Euro in den Briefkasten steckt – damit ich überhaupt noch mit ihm rede. Das gehört zum Spiel und ist praktisch, wenn man gerade eine Rechnung bezahlen muss.

Wobei man bei diesen Spielen trotzdem ganz schön aufpassen muss. Ein Typ wie dieser, ein anderes »Eigentum«, wollte zum Beispiel, dass ich ihn nach Strich und Faden vermöbele. Eine gute Gelegenheit, meine Kampfsportkenntnisse unter Beweis zu stellen. Leider habe ich ihm bei dieser Aktion den Halswirbel verrenkt. Knacks hat es gemacht, und dann musste er ins Krankenhaus. Er hatte mir nicht gesagt, dass er chronische Probleme im Bereich der Halswirbelsäule hat. So was muss man aber ansagen, das ist wie bei der Massage zum Beispiel. Schließlich ich bin kein Physiotherapeut oder Arzt, der sich vorher nach dem verehrten Befinden erkundigen kann, das macht doch die ganze Stimmung kaputt.

Andererseits sind immer wieder medizinische Grundkenntnisse gefragt. Als einmal jemand von mir wollte, dass ich ihm einen rostigen Nagel durch seinen Hodensack treibe, habe ich zum Beispiel auf einem neuen, rostfreien bestanden. Wenn man dann lediglich den Hautsack nimmt und den Nagel durchschlägt, passiert nichts, außer dass er höllische Schmerzen hat und es natürlich blutet. Was dem Kundenwunsch entsprach.

Während ich in meinem Wohnzimmer sitze und warte, muss ich wieder an diesen Damenwäscheträger von neulich denken und lache mir zum zehnten Mal einen Ast. Ich habe die Szene sogar auf meiner Handykamera aufgezeichnet, weil es einfach zu schön war. Auf dem Video sieht man, wie der Typ in einem schwarz-roten Bustier auf meinen Turnschuhen rumruckelt wie eine rollige Katze. Und wenn er brav ist, darf er ab und zu kurz meinen Schwanz lutschen. Das sieht vielleicht aus: Ein Typ mit Glatze und Korsett, der irre geil und dämlich zugleich dreinschaut.

Schwierig ist nur, sich immer wieder neue bescheuerte Situationen auszudenken, um diese Leute zu bespaßen, insbesondere wenn es sich um gelangweilte Schwule handelt, die in den letzten zwanzig Jahren ihres Lebens nichts anderes als Vögeln im Kopf hatten – und diese Ideen auch brav jeden Tag umgesetzt haben: Das endet dann darin, dass sie immer stärkere Reize brauchen, um überhaupt noch irgendwie angetörnt zu werden. Bei einem Diakon der Evangelischen Kirche Berlin-Brandenburg hatte ich zum Glück einen spontanen Einfall: Ich riss einfach den Plastikdildo von einer Gummipuppe ab, die ein anderer Kunde liegengelassen hatte, und befahl ihm, diesen Dildo mindestens zwanzig Minuten in seinem Arsch zu behalten. Wenn er das nicht schaffen sollte, bekäme er keinen Fick und müsste trotzdem bezahlen. Während er krampfhaft versucht hat, diesen riesigen schwarzen Dildo in seinem Anus zu behalten, lief im Fernsehen gerade Eiskunstlauf. Ich habe dann – wie die Jury im Fernsehen – auch immer Bewertungen und Kommentare abgegeben: »Du schaffst es, fester die Arschbacken zusammenkneifen. Und auf die Haltung achten! Rücken durchdrücken, Schultern nach hinten ziehen.« Aber der Typ hat einfach versagt. Plopp hat es gemacht, und dann ist der Dildo rausgeschossen. Null Punkte. Pech gehabt ... Ich könnte heute noch vor Lachen zusammenbrechen, wenn ich nur daran denke.

Manche Situationen sind so wahnsinnig komisch, dass man dafür Eintritt nehmen müsste. Bisher hatte ich – leider – nur gelegentlich heimliche Gäste, die keinen Eintritt bezahlten. Da gab es einmal folgende lustige Nummer: Ich schlug einem

Opa im Flur mit der Peitsche den Hintern grün und blau, während sich meine beiden Kumpels, die eigentlich zu einem DVD-Abend gekommen waren, im Schlafzimmer versteckt hielten und alles mitbekamen. Die konnten sich natürlich kaum halten, ich hörte ständig ein unterdrücktes Prusten und Kichern und hatte entsprechende Probleme, einigermaßen ernst zu bleiben. Hinterher habe ich uns von meinem Honorar Pizza bestellt. Was für ein Abend! Wenn ich meinen Humor nicht hätte, wäre ich schon längst durchgedreht.

Ich finde das ab und an in Ordnung, wenn Kunden bei mir in der Wohnung sind, weil es einfach bequem für mich ist. Nur mein eigentliches Schlafzimmer ist strikt tabu. Dort hinein lasse ich nur Menschen, mit denen ich privat Sex habe. Man muss in dieser Hinsicht Grenzen für sich ziehen, sonst verliert man am Ende sein Privatleben. Das nun aber heute Abend nicht stattfindet: Denn es gibt Nachricht von den Seelower Höhen. Er hat sich schließlich noch durchringen können. Hundert Euro plus fünfzig für die Anfahrt. Gut, dass ich wenigstens ein Navigationssystem habe.

Als ich aus der Stadt rausfahre in Richtung Frankfurt an der Oder – eigentlich also in Richtung Polen –, ist die Autobahn ziemlich leer, nur die üblichen Lkws kriechen auf der rechten Spur. Auf der Strecke kann man richtig Gas geben, und das mache ich auch. Ich lasse dem Motor mal ein bisschen Auslauf, in Kombination mit einer voll aufgedrehten Stereoanlage wirkt das wie Droge, und entsprechend aufgekratzt bin ich, als ich in Seelow ankomme, einem Dorf. Das Aldi-Navi führt mich in eine Seitenstraße, der Kunde wohnt in einer Art Platte für Zwerge. Sieht aus wie Marzahner Hochhaus in Miniatur, ein DDR-Klotz. Er hat mir seinen Nachnamen nicht gesagt, weil er Angst hat, dass ich seinen Namen weitergeben könnte. Das muss man in der Regel akzeptieren, verabredet ist, dass ich ihn anrufe, wenn ich vor der Tür stehe. So was kann allerdings auch schiefgehen. Einmal stand ich in so einem Kaff und mein Handyakku war leer. Durch einen reinen Zufall klappte es dann doch noch mit dem Date, weil der Kunde mich aus dem Fenster heraus gesehen hatte.

Aber hier ist alles dunkel, es ist ja auch schon mitten in der Nacht. Häufig daten gerade die Leute aus dem Umland sehr spät, vielleicht auch weil sie damit rechnen, dass um diese Zeit keiner der Nachbarn mehr wach ist und mich keiner sieht. Wie will man denen auch erklären, dass ein schlanker, junger Mann mit »ausländischem« Aussehen mal eben aus Berlin auf einen Kaffee vorbeikommt? Vielleicht erzählen sie dann, ich sei Versicherungsvertreter.

Hier in Seelow läuft jedoch alles nach Plan, ich rufe ihn an, er drückt den Summer. Und natürlich sehe ich wenig später an seiner Haustür den Nachnamen. Dass er allen Grund hat, auf Diskretion zu achten, merke ich, klar, im Badezimmer, dort, wo mich mein erster Gang in der Regel hinführt. Haarfärbemittel von L'Oréal, Damenparfum, Bindeneimer. Außerdem ist die Wohnung zwar hässlich, man merkt aber ein Bemühen, Behaglichkeit herzustellen – hier walten Frauenhände. Die womöglich gerade im Urlaub oder bei Verwandten schlafen – oder woanders tätig sind.

Hier in diesem relativ engen, mit Schrankwand und Sitzgruppe vollgestopften Wohnzimmer wirken meine gute Laune, meine Aufgedrehtheit wie eine eingeschlagene Handgranate. Ich muss erst mal runterkommen, wenn ich den Menschen nicht komplett verängstigen will. Angst hat er schon genug, ich kann sie sogar riechen. Er hat sich zwar frisch geduscht – das Bad war noch ziemlich dampfig, aber Angstschweiß ist ziemlich penetrant, und die Zwiebelnote im Raum stammt nicht vom Mittagessen.

Ich frage ihn erst mal nach einem Bier – zu meiner und seiner Beruhigung, denn er trinkt auch eines mit. Wir reden erst bisschen auf der Sitzgruppe. Früher arbeitete er im Braunkohle-Tagebau, heute ist er bei einer Leiharbeitsfirma angestellt, wird immer mal wieder für einen Job bestellt – Bauschutt wegräumen, Neubauten mit Raufaser tapezieren –, und wenn die Arbeit getan ist, sitzt er wieder zu Hause auf der Sitzgruppe. Das ist zwar bei mir manchmal so ähnlich, aber ich glaube, für ihn sind die hundertfünfzig Euro, die schon in einem Umschlag auf dem Tisch liegen, wirklich eine Menge Geld.

Nicht dass ich auf die Idee käme, einen Sozialtarif einzuführen. Aber ich hatte zum Beispiel schon mal einen Hartz-IV-Empfänger, der drauf und dran war, meinetwegen völlig zu verarmen. Ich hatte es anfangs nicht bemerkt, aber irgendwann wurde mir klar, dass er so in mich verknallt war, dass er bereit war, auch noch das letzte Ersparte unter der Matratze in mich zu investieren. Er wollte mich nicht verlieren, um keinen Preis. Ich habe den Kontakt dann eingestellt, ihm zuliebe.

Uwe, so heißt mein Seelower Kunde, ist ein netter, bodenständiger Kerl mit Schnauzbart und straßenköterblonden Haaren – vielleicht ist er Anfang 40, gefragt habe ich ihn nicht. Er hat schwielige Hände und spricht wenige Worte, er ist schüchtern. Der Versuch mit der Unterhaltung führt also leider auch nicht weiter, so dass ich irgendwann einfach die Initiative ergreife.

»Uwe, wollen wir einfach mal ins Schlafzimmer gehen?«

Einfach Tatsachen schaffen, ich öffne meinen Reißverschluss und gebe ihm, wonach er sich wahrscheinlich schon lange mal wieder gesehnt hat. Ich halte seinen Kopf sanft fest, als er mich bläst, seine Haare im Nacken sind ganz weich. Er wirkt glücklich wie ein kleiner Junge, geborgen. So jemand möchte keine

Schläge oder sonstige Pornonummern, sondern eine Zuwendung, die zwar möglicherweise etwas rauer ist als weibliche, aber doch Zärtlichkeit beinhaltet. Als ich ihn ficke, bin ich am Anfang ganz vorsichtig, gebe ihm die Zeit, die er braucht, um sich zu entspannen. Nicht immer leicht, wenn man einen dicken, extra-reißfesten Gummi übergestülpt hat und einen Typen nicht wirklich attraktiv findet. Man muss die Erektion halten. Es ist leichter, wenn man sich erst mal in Ruhe einen blasen lassen kann, bis er solide steht, und ihn dann möglichst rasch reinsteckt. Mit der Methode ist man in der Regel auf der sicheren Seite.

Auf dem Nachttisch seiner Frau sehe ich eine Schachtel mit Kleenex und einen Roman von Paulo Coelho. Den Namen kenne ich, aber gelesen habe ich nichts von ihm. Eine seltsame Situation. Natürlich geht mich das eigentlich nichts an, und bei einem Typen wie Uwe würde ich auch nicht nachfragen. Aber ich frage mich dann schon, was in so jemandem vorgeht. Vielleicht würde seine Frau ja sogar verstehen, dass er manchmal gerne mit einem Mann schläft? Nun bin ich hier und penetriere ihren Gatten im Ehebett. Verrückt, aber aus Erfahrung weiß ich, dass manche genau das mögen: Sie rächen sich an ihrer Frau, indem sie mit einem anderen Typen im Ehebett vögeln. Das ist wahrscheinlich so, als ob man als Kind der Mutter heimlich Geld aus dem Portemonnaie klaut. Man kann das nicht generalisieren, aber ich merke so was meistens. Und ich mag es nicht.

Als Uwe gekommen ist, wirkt er zufrieden und glücklich. Und schon bald danach ein bisschen beschämt. Seine Unsicherheit ist wieder zurück. Ich trinke trotzdem noch ein Bier mit ihm, auch um ihm zu signalisieren, dass alles in Ordnung ist und wir nichts Schlimmes getan haben. Und auch um ihm indirekt zu sagen, dass er ein netter Kerl ist. Das ist eine Frage des Respekts, auch wenn wir uns nicht wirklich etwas zu sagen haben.

Eigentlich war es ein angenehmer, geradezu entspannter Abend hier in Seelow. Doch auf der Rückfahrt komme ich mal wieder vom Wege ab. Und das trotz Navi. Wie ein durchgebrannter Autoscooter geistere ich durch menschenleere Dörfer und versuche, die Autobahnauffahrt zu finden. Vergeblich – und eine Straßenkarte habe ich auch nicht dabei. Das Navigationssystem lotst mich stattdessen auf eine Bundesstraße, laut Beschilderung führt sie immerhin nach Berlin.

Doch so ganz allein auf der Landstraße kommt mir Berlin geradezu unvorstellbar weit weg vor. Das gefällt mir. Hier draußen auf dem Land kann man die Sterne sehen, wenn man in den Himmel schaut. Und es herrscht eine Stille, die ich bedrohlich und schön zugleich finde. Sogar im Auto und mit lauter Musik ist die Natur ganz nah. Sie liegt plattgewalzt auf der Straße. Ich kann höchstens sechzig oder siebzig fahren, ständig hetzt Dammwild von links und rechts. Am Straßenrand liegen tote Füchse. Und plötzlich nach einer Kurve muss ich eine Vollbremsung machen: Ein Rehbock liegt auf der rechten Spur. Nach dem ersten Schreck ereilt mich gleich der nächste, als ich zum Halt gekommen bin: Ich habe das Gefühl, dass er mich anschaut, mich regelrecht fixiert mit seinen schönen, toten Augen.

Jeder kennt die Momente im Leben, in denen man sich fragt, was man hier eigentlich gerade macht. Und warum. Ich bin jetzt dreißig und frage mich das immer öfter in letzter Zeit. Anstrengender ist nur die Frage, was ich in der Vergangenheit gemacht habe. Und gar nicht stellen möchte ich mir die Frage, wie das eigentlich im Alter werden wird.

Ich komme an einem Dorf vorbei, das mir bekannt vorkommt. Hier hatte ich mal einen Kunden, der tatsächlich alt war, eigentlich schon über der Grenze des für mich Zumutbaren. Wir waren in seiner Datscha verabredet, einem kleinen Wochenendhäuschen direkt am See. Als ich dort ankam, dachte ich, ich bin weit und breit der einzige Mensch. Die kleinen Häuschen waren alle verlassen und für den Winter eingemottet, der See war eisbedeckt. Ein frostklarer, blauer Himmel über allem und eine alles überblendende Sonne. Nur am gegenüberliegenden Seeufer ahnte man Menschen, dort brannte ein Feuer.

Der Kunde erklärte mir, dass die Anwohner dort Schilf verbrennen würden. Dann blies er mir einen in seiner klammfeuchten, muffig riechenden Datscha. Ich saß auf einem alten Sofa, den Geruch werde ich nie vergessen. Auch nicht den Geruch von dem alten Mann, einen Mix aus abgestandenem Schweiß, der längst in den Klamotten festsitzt, Tabak, Alkohol und talgigem Haar. Mir hat mal ein älterer Typ erzählt, dass man die Geilheit nie loswird, auch wenn man längst keinen mehr hochbekommt.

Doch jetzt sehe ich Berlin schon in der Ferne leuchten, eine giftig-orange Dunstglocke, heller als alle Sterne. Noch ein Stück Stadtautobahn, dann noch zur Tankstelle. Ich kaufe mir ein Baguette mit Schinken und Käse, das ich gierig verschlinge. Berlin hat mich wieder.

12 Mal unter uns Nutten

Immer wenn es mir wirklich nicht gutgeht, weiß ich, dass am Ende doch Marlene für mich da ist.

»Magste heute Abend vorbeikommen? So um halb zehn? Es gibt Rouladen mit Klöße.«

Solche Sätze sagt sie dann wie nebenbei – und mein Herz geht auf. Marlene ist Prostituierte, und wir kennen uns schon ewig. Früher, als sie noch in einem Bordell in Potsdam arbeitete, besuchte ich sie dort oft. Ich erinnere mich noch gut an den einen Nachmittag, als die Chefs alle ausgeflogen waren und wir fast alleine in dem Laden waren. Wir haben uns schön mit Sekt einen auf die Lampe gegossen, und immer, wenn ein Kunde anrief, habe ich den Oberluden gespielt und gesagt, dass gerade alle Damen beschäftigt seien. Eigentlich habe ich denen jede Menge Blödsinn erzählt, und im Ergebnis hatten wir ein paar schöne Stunden am Nachmittag ganz für uns. Alleine in einem Potsdamer Puff, während draußen Sommer war.

In dem Puff ist sie schon lange nicht mehr, sie arbeitet jetzt auf eigene Rechnung und von zu Hause aus. Es ist nicht so, dass Marlene und ich abends zusammensitzen und ständig über Freier und die Arbeit reden würden. In ihrem Bereich läuft das auch alles anders ab, was das Praktische angeht. Sie muss nicht ständig irgendeine Show abziehen und verbringt auch nicht ganze Nächte quatschend mit Stammfreiern. Sie muss auch keinen hochbekommen. Aber dafür ist es bei den Frauen meistens so, dass sich irgendwelche Mitesser dazwischenhängen und absahnen. Zuhälter, Bordellbesitzer. Das ist bei uns Männern meistens nicht der Fall, es sei denn bei den ganz jungen. Marlene und ich, wir beide wissen, wie es im Leben aussieht, wir haben einen gewissen gemeinsamen Erfahrungsschatz, der uns verbindet, und das ist schön. Entspannend auch. Keine Show, keine Nummer. Ich kann einfach ich selbst sein. Der etwas überdrehte, lustige, eigentlich ziemlich liebe Cem, wie er immer schon war.

Je älter ich werde, desto stärker wird mir bewusst, dass es mich ermüdet, so oft jemanden darstellen zu müssen, der ich zwar auch bin, aber eben nicht ausschließlich. Es gibt eine harte, dominante Seite in mir, sonst könnte ich diese Rolle auch gar nicht glaubwürdig ausfüllen. Aber das ist nur ein Teil von mir. Ich bin auch jemand, der gerne aktiv ist und die Initiative übernimmt, aber ich fände es auch mal schön, wenn mich jemand anriefe, um einen Vorschlag zu machen: »Hey, Cem, hast du Lust, mit mir und den anderen auszugehen?« Aber meistens bin ich der Reiseleiter – und kein schlechter.

Einmal habe ich einen Kumpel spontan mit ins »Artemis« genommen, das ist ein ziemlich großes Wellness-Bordell in Berlin, auch bekannt als das »WM-Bordell«, weil es in der Nähe des Olympiastadions gelegen ist und 2006, im Jahr der Fußball-WM, eröffnet wurde. Ein Riesenwirbel war das damals, von schlimmster Zwangsprostitution war die Rede. Es wurde mit unglaublichen Zahlen hantiert, 40 000 Zwangsprostituierte in Deutschland, »Verrichtungsboxen« in Köln, also Container, in denen die zahlreichen zur WM angereisten Freier abgefertigt werden sollten.

Ich hatte mal einen Kunden, der war Historiker, ich weiß nicht, ob er Professor war oder bloß Doktor. Aber der hat mir erzählt, dass es schon im Mittelalter bei Großereignissen normal war, dass viele Nutten anreisten, auch bei einem Konzil, einer Kirchenversammlung. Und dass es auch in den städtischen, öffentlichen Badeanstalten sexuell heiß hergegangen sein muss, auch gegen Bares. Da gab es Bader, heute sind das Masseure, die gegen Geld Sex angeboten haben.

Wenn man so will, ist das Artemis auch eine Badeanstalt, und man bekommt für siebzig Euro Eintritt auch einen Bademantel. Das ganze ist eine Art Saunalandschaft mit mehreren Saunen, einem Pool, Jacuzzis. Es gibt mehrere Pornokinos, eine große Bar mit Table Dancing und einen Außenbereich, in dem im Sommer gegrillt wird. Dort sitzen alle halbnackt auf Plastikstühlen, die Mädels oben ohne, und essen Kartoffelsalat mit Rostbratwürstchen, während gleich nebenan die S-Bahn vorbeidonnert. Interessant ist, dass das Artemis kein herkömmliches Bordell ist, denn nicht nur die Kunden, sondern auch die Frauen zahlen siebzig Euro Eintritt. Nach der »Anbahnung« können sie sich eines der zahlreichen Zimmer aussuchen, abgerechnet wird am Schluss an der Kasse. Wenn die Frauen Feierabend machen, bekommen sie das Geld. Der Vorteil für die Frauen: Sie sind in einem sicheren und penibel sauberen Umfeld. Die Kunden miteingeschlossen, denn die gehen ja vorher schön duschen und in die Sauna.

Den Eintritt hatte ich für meinen Kumpel mit bezahlt, denn er hatte zu dem Zeitpunkt nicht so viel Geld, und für mich war das kein Problem, Hauptsache, er hatte mal wieder Spaß. Wir haben uns zunächst schön was reingezogen und an der Bar abgehangen. Mit den anderen Typen kamen wir irgendwie nicht ins Gespräch – obwohl es keineswegs so ist, dass dort nur tragische Figuren oder Opas rumsitzen würden. Es sind zum Teil junge, auch richtig gutaussehende Typen. Ein spannendes Schauspiel ist das, denn eigentlich werden an so einem Ort einfach nur die sonst üblichen Regeln umgedreht: Die Frauen umwerben nämlich die Männer und geben ihnen so das Gefühl, begehrt und attraktiv zu sein. Für manche ist das wahrscheinlich entspannender als drei Stunden Sauna. Eine Pause in dem ewigen Spiel des Anbaggerns inklusive des Dauerrisikos, sich einen Korb einzuhandeln. Dass sie am Ende für dieses Gefühl bezahlen müssen, verdrängen sie natürlich, aber das machen meine Kunden ja auch.

Als wir schließlich mit zwei hübschen Mädels auf ein Zimmer gingen, war es für meinen Kumpel, glaube ich, der Himmel auf Erden. Auf Koks vögeln mit einer toll aussehenden, jungen Kroatin. Das hat mich gefreut für ihn, es war eine gute Stimmung. Ich dagegen hatte überhaupt keine Lust aufs Vögeln, sondern wollte mich weiter mit Sarah unterhalten. Ein liebes Mädchen mit gutem Humor, und sehr attraktiv mit ihren riesigen, dunklen Augen und den nicht zu großen, schön geformten Brüsten. Während die beiden vögelten, haben wir Faxen gemacht, Witze erzählt und uns halb totgelacht. Für jeden anderen wäre das vielleicht eine seltsame Situation, aber für mich lag das Besondere in dem Vertrauten. Ich fühlte mich im Artemis und in Gegenwart all der Kolleginnen auf eine seltsame Art und Weise sicher. Erst später ist mir der Gedanke gekommen, dass das ja auch normal ist. Denn meine Normalität ist das Artemis, während die Welt draußen ganz anders ist. Im Artemis bin ich ein Gleicher unter Gleichen, und das fühlt sich gut an. Wie in einem Bunker mit meterdicken Wänden. Es ist wie eine Verschwörung, bei der alle Bescheid wissen, die Freier mit eingeschlossen.

Als ich bei Marlene im Flur stehe, riecht es schon lecker nach Rouladen. Es ist schon zehn, aber die späte Essenszeit ist auch das einzig Ungewöhnliche. Zwei Menschen essen zu Abend, die Nachbarn nebenan sitzen vor der Glotze, man hört es durch die Wände hindurch. Und wir zwei reden und reden, über Freunde und solche, die wir verloren haben. Über das Älterwerden und ihre Zukunftssorgen. Keiner von uns beiden käme jetzt auf die Idee, sich darüber auszutauschen, dass der letzte Klient Mundgeruch hatte. Ich frage mich manchmal, was sich die Leute so vorstellen. Aus dem Fernsehen kennen sie Sexarbeiter meist in Gestalt merkwürdiger Dominas in Lack und Leder. Die haben oft einen schwäbischen Akzent und erklären einem ihr Gewerbe, als ob sie in einem Friseursalon arbeiten würden.

Das Schöne an dem Zusammensein mit Marlene ist, dass hier nichts erklärt werden muss. Ich merke immer wieder, bei Bekannten und auch bei Freunden, wie stark auf sie das Image »Escort« wirkt. Da entsteht bei den Leuten ein Bild, das alles verdrängt und überlagert, so dass sie den wahren Menschen dahinter kaum noch erkennen können.

Während sich Marlene nach dem schweren Essen vermutlich bald ins Bett legen kann, bekomme ich noch eine Anfrage per SMS: »Möchte vergewaltigt werden. Ich bin in der Brazil-Sauna, unten im Keller, Kabine 22. Wie könnte es ablaufen?«

Ich schreibe ihm zurück, dass er für zweihundertfünfzig Euro einen Ablauf bekommt, den er so schnell nicht vergessen wird.

Der Brazil-Sauna-Club ist eine Homo-Sauna in der Nähe des Berliner Zoos, eigentlich die älteste Berliner Schwulen-Sauna, aber mittlerweile ein wenig auf den neueren Stand gebracht. Anders als das Artemis gibt es die Kombination Sauna und Sex in der schwulen Subkultur schon lange. Mittlerweile sind es mehr die älteren Semester, die eine solche Homo-Sauna aufsuchen, die Hochzeiten dieser Institution scheinen mir ziemlich vorbei zu sein. Was auch zum Brazil-Club passt: Unter der neuen Wandfarbe und den zeitgemäßen Designelementen riecht es nach dem Schimmel der letzten zwanzig oder dreißig Jahre. Für eine Totalsanierung fehlt es wohl an Mut oder Geld. Immerhin zahlt man hier nicht siebzig, sondern nur zwanzig Euro Eintritt, aber Prostitution gibt es hier auch. Man erkennt die Kollegen an ihrer dunklen Haut, dem guten Aussehen und den vielen Muskeln. Und die Kundschaft an ihren Bauchansätzen und dem schwindenden Haupthaar. In der Bar läuft Kirmestechno, auf einer Leinwand ein Porno. Und ich gehe direkt ins Untergeschoss, um Kabine 22 zu finden. Ein bisschen mulmig ist mir schon bei der Nummer, ganz einfach, weil sie in der Öffentlichkeit stattfinden soll. Was, wenn jemand die Situation missversteht und am Ende die Polizei ruft? Insgesamt ist mir das hier eigentlich zu viel Publikum.

Die Tür von Kabine 22 ist offen, der Typ liegt nur mit einem Badetuch bekleidet auf der Liege und wartet. Nicht ungewöhnlich, viele der Saunabesucher liegen in ihren Kabinen wie auf einem Präsentierteller und warten darauf, vernascht zu werden. Man wechselt Blicke, steht ein bisschen rum, fummelt an seinen Genitalien und wartet ab. Entweder man kommt dann zusammen oder eben nicht. Alles unentgeltlich in der Regel, für schwulen Sex müsste man eigentlich überhaupt nicht bezahlen.

Es sei denn, man hat solche Sonderwünsche wie dieser Typ, mit dem ich verabredet bin. Er sieht aus wie ein Versicherungsangestellter. Brille, nichtssagendes Gesicht. Ich fixiere ihn kurz grimmig, bis ich mir sicher bin, dass er mich erkannt hat – und gehe danach weiter in Richtung Dusche. Der »Ablauf« hat damit schon begonnen. Er folgt mir, stellt sich neben mich unter die Dusche. Woraufhin ich ihm eine grobe Ansage mache.

»Was glotzt du mich an, du schwule Sau«, selbstverständlich mit türkischem Akzent. Ich ignoriere ihn erst mal eine Weile, gehe noch einmal an seine Kabine.

»Mach die Tür zu, dich will kein Mensch sehen!«

Erst nachdem ich an der Bar einen Whiskey-Cola getrunken habe, gehe ich wieder runter. Ich klopfe an die Tür mit der Nr. 22, und als sie sich kaum einen Spalt breit öffnet, trete ich mit voller Wucht dagegen. Nun ist sie definitiv auf. Und der Typ wurde auf die Liege geschleudert, seine Brille liegt irgendwo in der Ecke.

»Du Drecksau, was hast du mich eben so blöd von der Seite angeschaut, häh?!« Mehr Text braucht es nicht. Ich mache meinen Job, er bekommt seine Vergewaltigung. Das heißt, ich drücke ihn grob auf die Liege, reiße ihm die Beine auseinander und ramme ihm mein Ding rein, ohne Vorwarnung, ohne Gleitmittel, ohne alles. Sein Wimmern und Röcheln bestätigen mir, dass er sich genau nach diesem Moment gesehnt hat. Und gleichzeitig hoffe ich, dass nicht gleich die halbe Sauna um mich herum steht. Oder die Bullen. Aber vermutlich muss an einem Ort wie diesem erst etwas extrem Irrsinniges passieren, bis jemand auf die Idee kommt, dass etwas nicht in Ordnung ist. Eine Vergewaltigung reicht dafür nicht.

Als ich die Sauna verlasse, ist meine Haut ganz trocken von der billigen Seife. Aber ich habe 250 Euro in der Tasche – und immer noch einen Dauerständer. Ohne Viagra hätte ich das nicht hinbekommen nach diesem entspannten Abend mit schwerem Essen. Ich schicke Marlene noch eine SMS: »Danke, du bist ein Schatz.«

13 Sandwich mit Seife

Wenn man wie ich beruflich fast nur mit Männern zu tun hat, sehnt man sich ab und an nach Weiblichkeit. Das Weibliche fehlt irgendwann. Frauen sind tröstend, und trösten, das können Männer in der Regel nur schlecht. Schwule sind da auch nicht besser, denn auch bei ihnen handelt es sich, Vorurteile hin oder her, am Ende auch nur um Männer. So wie auch ihr sexuelles Verhalten ganz einfach männlich ist: Diese Tendenz zum Flüchtigen, Unverbindlichen einerseits und die Lust am Derben, Versauten andererseits. Die emotionale, weiche Seite, die eigentlich zum Sex gehört – man sagt nicht umsonst »Liebe machen« –, kommt da oft nur zwischen den Zeilen rüber, eher indirekt. Ich will mich da gar nicht ausnehmen, ich mag auch diese unmittelbare Triebabfuhr, das kann sehr intensiv und erfüllend sein. Für den Augenblick jedenfalls, denn wie lange dauert eine sexuelle Begegnung in der Regel? Oft nur fünf Minuten, wobei ich es, wenn ich gut drauf bin, auch schon auf mehrere Stunden gebracht habe, natürlich inklusive gewisser Erholungspausen. Und inklusive gewisser unterstützender Substanzen.

Wenn ich mit Frauen schlafe, geschieht dies meist in einem beruflichen Kontext. Meistens sind es Paare, die mich buchen, meistens ist der Mann bisexuell oder hat ganz bestimmte Erniedrigungsphantasien, die ihn anmachen. Und weil ich dieses Spiel bis zu einem gewissen Maß auch mitspielen muss, wenn das Ganze glaubwürdig sein soll, empfinde ich dann auch so. Während ich die Frau vögle und ihr Mann zuschaut, fühle ich mich überlegen. Ich bin der bessere, potentere Liebhaber, der es der Lady mal so richtig besorgt, während der schlappschwänzige Gatte zum Dank mein Rohr lutschen muss. In so einer Konstellation wird die Frau im Prinzip zu einer Nebensache. Es geht gar nicht um sie, sondern um die Dynamik zwischen den beiden Männern, um Macht. Im Idealfall gefällt das auch der Frau, ich habe jedoch bislang nie danach gefragt. Schade, eigentlich.

Ich habe allerdings neulich diesen Kunden auch nicht gefragt, ob er es nicht doch ein bisschen seltsam findet, ein Sandwich mit Seife zu essen, bloß weil ich ihm das sage. Ob er das nicht vielleicht albern findet, wenn ich ihn stundenlang in Spitzenunterwäsche vor mir tanzen lasse und ihn als »Heidi« beschimpfe. Auch diese Szene habe ich – auf den Wunsch des Kunden hin – auf Video. Wenn ich mich recht erinnere, hat die Nacht mit diesem Typen über zehn Stunden gedauert, mindestens. Auf dem Video taucht irgendwann sogar noch ein Kollege von mir auf, den ich zwischendrin dazugeholt hatte, weil ich Langeweile bekommen hatte – natürlich auf Kosten des Kunden. Ali, so heißt der Kollege, hat danach nie wieder mit mir über diese Nacht gesprochen. Man sieht ihn nur auf dem Video, wie er sich von »Heidi« einen blasen lässt. Aber irgendwann ist er einfach gegangen, weil es ihm zu irre wurde mit »Heidi« und »ihrem« Peiniger, also mir. Auf diese völlig extremen Sachen hat er, glaube ich, keine Lust, aber ich finde das manchmal durchaus spannend.

Was es für Leute gibt: Einer dieser völlig entgrenzten Typen hatte sich im Rahmen einer solchen Sitzung extra einen Dauerzugang in die Vene gesetzt, so dass er sich problemlos immer wieder flüssiges Kokain nachspritzen konnte, ohne ständig mit der Nadel nach einem neuen Ansatz zu suchen.

Der Herr wiederum, der mich nun anruft, scheint nichts allzu Schlimmes im Schilde zu führen.

»Hallo, mein Lieber. Hättest du Zeit und Lust auf ein Treffen?«

»Zeit schon, worauf haste denn Lust?«

Er braucht eine kleine Verlegenheitspause: »... ich lasse mich gerne mal ficken. Auch Natursekt mag ich ganz gerne, ab und zu ...«

Es dauert oft ein bisschen, bis man herausgefunden hat, was sie denn nun wirklich gerade wollen.

Ich fahre einfach zu ihm, was er möchte, ist wirklich unspektakulär, er möchte ein bisschen angepisst und anschließend gefickt werden. Er wohnt im Erdgeschoss, Neukölln, Nähe Hermannplatz. Ein ruhiger, verregneter Abend ist das heute, und am liebsten wäre ich einfach zu Hause vor dem Fernseher sitzen geblieben, um meinen Gedanken nachzuhängen.

Der Typ, der mich in seiner Erdgeschosswohnung erwartet, ist schon relativ alt. Ich gehe noch mal zum Auto zurück und Mist: Das Viagra ist alle. Ich habe eigentlich immer welches im Handschuhfach, auch für solche Fälle wie gerade jetzt. Man fühlt sich eigentlich nicht richtig, ist müde, lustlos, der Typ ist unattraktiv. Jetzt stehe ich ziemlich blöd da und bekomme die Panik. Obwohl das totaler Unsinn ist. Ich habe noch nie erlebt, dass ein Kunde sauer war, wenn ich mal wirklich keinen hochbekam. Es sind Männer, und die wissen, wie männliche Sexualität tatsächlich funktioniert. Dass diese ganze Protzerei –

»Männer können immer, und Frauen wollen immer« – totaler Unsinn ist. In Wahrheit haben Männer überhaupt keine Kontrolle über diese Körperfunktion namens Erektion. Entsprechend wäre es auch völlig unlogisch, sich über eine mangelnde Erektion zu beschweren: Dann kommt sie nämlich erst recht nicht zustande. Und dennoch: Wenn es einem mal passiert, dass man keinen hochbekommt, rufen die Kunden danach in der Regel nicht noch einmal mal an.

Insofern ist die Erfindung von Viagra, noch besser übrigens ist Cyalis, ein richtiger Segen für meinen Berufsstand. Man muss nur immer welches dabei haben.

Aber vielleicht bekomme ich das ja auch so irgendwie hin, klappt ja sonst in der Regel. Als der alte Herr dann jedoch vor mir auf seinem abgewetzten Orientteppich kniet und versucht, meinen Schwanz hochzulutschen, während ich neugierig den Trödel betrachte, den er überall in seinem Wohnzimmer verteilt hat, merke ich, das heute nun wirklich gar nichts klappt.

Woraufhin sich der alte Herr trotz allem als ein freundlicher alter Herr entpuppt, mit dem man im richtigen Leben womöglich Pferde stehlen könnte. Charmant unterbricht er das Ganze und fängt die Situation auf, ohne dass ich mir Gedanken machen muss.

»Ich glaube, wir beide müssen erst mal ein bisschen auf Drehzahl kommen. Außerdem ist es ein bisschen kalt hier, entschuldige bitte. Ich hole uns erst mal ein Schnäpschen.«

Bei dem es nicht bleibt, er kommt mit einem ganzen Rondell Schnapsgläser zurück aus der Küche, alle Gläser bis an den Rand gefüllt. Wer etwas verschüttet, muss den Nächsten auf ex leeren. Auf die Art kommt man im weiteren Verlauf fast zwangsläufig ins Gespräch.

Mir wurde schon nach dem ersten Kirschschnaps wohlig,

warm von innen heraus, und dann haben wir uns einfach nett unterhalten. Er erzählte mir von seiner Arbeit beim Theater und ich ihm von meinen Erfahrungen als DJ. Zwei Jungs aus dem Show-Business sozusagen. Bis an den Rand voll mit Kirschwasser. Zum Abschied gab es hundert Euro und einen freundlichen Klaps auf die Schulter. Eine Erektion war an diesem Abend am Ende wohl doch nicht nötig, ein bisschen Zuwendung, ein gutes Gespräch, lachen, damit war der Kunde zufrieden. Ach, was heißt Kunde. Er hieß Oswalt und ist ein Netter. Ich habe schon oft die Erfahrung gemacht, dass gerade die Älteren, also die, vor denen man sich vom Job her eher gruselt, menschlich oft die Angenehmsten sind – wenn sie nicht über die Jahre zu fürchterlichen, verbitterten Neurotikern geworden sind. Sie haben wenigstens etwas zu erzählen und eine gewisse Lebenserfahrung. Und mancher junge Schöne ist einfach nur leer.

Trotzdem sind es natürlich häufig Ältere, die auf einen Stricher oder Escort zurückgreifen. Nicht unbedingt, weil sie in der Schwulenszene keinen mehr abbekommen würden, sondern weil sie nicht mehr diejenigen abbekommen, die sie begehren: junge Männer. Mit ihresgleichen, also Männern ihres Alters, wollen sie sich nicht begnügen – wobei es in der Tat meist für jeden Topf einen Deckel gibt. Nicht wenige junge Männer stehen eben auf Ältere, suchen sich einen »Daddy«, manchmal auch einen, der sie finanziell unterstützt. Wodurch eine Grenzsituation entsteht, zwischen Prostitution und Normalität – aber das gibt es ja auch zwischen älteren Männern und jungen Frauen, seltener umgekehrt. Bei diesen älteren Typen handelt es sich auch nicht durchweg um Päderasten, manche von ihnen hängen einfach nur einer eher klassischen, »griechischen« Form der Männerbeziehung an. Sie sehen sich als eine Art Lehrer und Mentor, der einem jungen, unwissenden Jungen von der Straße den Dr. Doolittle macht. In so einer Konstellation geht es am Ende natürlich auch wieder um Macht, es handelt sich nämlich keineswegs um ein Verhältnis auf Augenhöhe. Dazu kommen noch diese Errettungsphantasien: Einige sind einfach nur verliebt in den Gedanken, einen kleinen, schmutzigen Straßenköter bei sich aufgenommen und in die Gesellschaft eingegliedert zu haben. In den Arsch ficken möchten sie den Eleven natürlich trotzdem. Oder sich von ihm in den Arsch ficken lassen.

Manche ziehen das konsequent durch, der Junge, manchmal ein Exstricher, wird zu einer Art Ziehsohn, um den sich der väterliche Freund oder gar ein väterliches Paar kümmert. Mit dem schönen Nebenaspekt, dass der Junge ins Testament aufgenommen wird – als Alleinerbe. Ich will darüber gar nicht pauschal urteilen, manchmal ergeben sich zwischenmenschliche Beziehungen eben aus den jeweiligen Gegebenheiten. Wer sagt, dass man die Liebe nur bei einem Besuch in der Oper findet? Zum Teil wird der Junge im Laufe der Zeit tatsächlich zu einem Ersatz für Kinder, die Schwule eben meist nicht haben. Manchmal wohnt er auch über Jahre bei einem Paar und verbringt jede Nacht sozusagen auf der Besucherritze, und das nicht nur zum Schlafen. Wenn es nicht so gut läuft oder wenn die Herren seiner überdrüssig geworden sind, wird er allerdings einfach von der Bettkante gestoßen. Man kann ja jederzeit ins Tierheim gehen und sich einen neuen jungen Hund besorgen.

Für mich wäre das nichts, und es war auch früher schon nichts für mich. Ich glaube nicht an die Versprechungen solcher Leute, und sie machen einem oft Versprechungen: Ich verschaffe dir einen tollen Job, ich bringe dich als Model oder Schauspieler groß raus, ich kann dir Französisch beibringen. Oft geht es dabei nur wieder darum, kostenlos sexuelle

Leistungen zu erschleichen. Oder sie wollen einfach nur ihr schlechtes Gewissen beruhigen. Ich glaube, dass es so manchem älteren Kunden durchaus bewusst ist, dass es für die Jungen eigentlich eine Zumutung ist, sich mit ihnen sexuell abzugeben.

Ich habe natürlich auch einige Kunden, die sich regelmäßig bei mir melden, fragen, wie es mir geht – und den meisten von ihnen glaube ich auch, dass sie das wirklich interessiert. Manchmal treffe ich mich mit ihnen, ohne dass wir miteinander schlafen. In München zum Beispiel kenne ich ein Paar, zwei Männer, die ich eigentlich jedes Mal sehe, wenn ich dort bin. Sie machen Ausflüge mit mir – ohne die beiden hätte ich von Bayern bislang nicht viel gesehen außer München. Wir waren mal auf der Zugspitze und am Inn. Einfach so, nur zum Spaß. Die beiden machten mir schon das Angebot, Geschäftsführer in einem Delikatessengeschäft zu werden, das sie eröffnen wollen. Was bei Lichte betrachtet für mich natürlich die Möglichkeit gewesen wäre, ein völlig anderes Leben zu führen, auch ohne eine offizielle Ausbildung.

Aber ich habe dieses Angebot ausgeschlagen. Ich kann mir das im Moment einfach nicht vorstellen, das ist mir zu viel Verantwortung. Ich habe auch Angst vor dieser Regelmäßigkeit: jeden Tag aufstehen, immer da sein, Abrechnungen machen. Es ist nicht die Tätigkeit an sich, die ist ja nicht schwer, aber diese ganze Art zu leben kommt mir exotisch vor. Und am Ende wäre ich von den beiden Jungs trotzdem auf eine Art abhängig, zu Dankbarkeit verpflichtet. So habe ich einem von den beiden letztes Mal ein Paar getragene Socken von mir geschenkt, als kleines Dankeschön für eine Einladung zum Essen. Er steht nun mal drauf.

14 Schwanz in Spitzen

Morgens um vier ist Berlin am schönsten. Und ich muss schon wieder nach Frankfurt am Main, weil sich gleich mehrere Stammkunden gemeldet haben, unabhängig von der Messe. In Frankfurt ist zwar gerade wieder eine, aber ich weiß im Augenblick gar nicht welche. Ich fahre mit dem Auto zum Hauptbahnhof, weil ich den ersten ICE-Sprinter nehmen möchte. Das Gute ist, dass ich zu diesem Zweck nicht früh aufstehen muss, weil ich noch immer wach bin. Ich bin schon drei Tage lang ununterbrochen wach – druff, druff, druff.

Gestern Abend habe ich es endlich über das Herz gebracht, mich von meinem geliebten Kater zu trennen. Ich kann ihm mein Leben einfach nicht mehr zumuten. Entweder ich bin nicht da, oder ich bin mit Leuten drei Tage am Stück im Wohnzimmer und labere, drehe die Musik auf, ficke rum. Entscheidend war allerdings der Moment, als ich ihn in einem Anfall von blinder Wut geschlagen habe, nachdem er eine meiner Platten zerkratzt hatte. Nach drei Tagen Koksen und bestimmt zehn oder zwölf Kunden am Stück. Das Schlimmste war, dass er mich auch danach noch geliebt hat, sich an mich gekuschelt hat. Das hat mich fast umgebracht.

Ich drehe die Anlage auf, »La Revancha del Tango« von Gotan Project. Die Stadt gehört jetzt mir ganz allein, es kommt mir vor, als sei ich der einzige Mensch, der noch wach ist – außer Angela Merkel. Ich fahre durch das verlassene Regierungsviertel, und in ihrem Büro ganz oben im Kanzleramt brennt Licht. Noch immer? Oder schon jetzt? Wahrscheinlich ist es nur die Putzfrau.

Der Hauptbahnhof leuchtet klotzig und ich fahre einfach in seinen Bauch, in die Tiefgarage. Immer weiter nach unten, auch hier ist kein Mensch, nur ein paar Autos stehen herum und warten, auf wen auch immer. Betonlandschaften in Grau, die wer weiß wo enden, womöglich in der Hölle, dazu die »Revancha del Tango«. Langsam fahre ich durch die Tiefgarage, und in meinem bedröhnten Kopf kommt es mir vor, als ob ich die Kurven im Tangotakt wiegend nähme. Ich bin viel zu früh. Der Sprinter fährt erst in einer Stunde oder zwei, ich habe im Moment überhaupt kein Zeitgefühl mehr. Als ich im Aufzug in den Spiegel schaue, blicke ich in ein tief in den Augenhöhlen liegendes, schwarzes Augenpaar, das nur aus Pupillen zu bestehen scheint. Meine Haut schimmert grau-gelblich im eiskalten Neonlicht des Fahrstuhls. Und ich bekomme einen Lachanfall. Ich lache oft, wenn ich mich erschrecke.

Die Bahnhofshalle sieht aus wie eine riesige Shopping Mall nach Verkaufsschluss, fast werde ich von einem sirrenden Reinigungsfahrzeug überfahren. In der Ecke neben mir liegt ein Penner, und ich frage ihn, ob er auch einen Kaffee haben will. Er will nicht, er will schlafen. Und ich nehme erst mal noch einen Schluck aus meinem silbernen Flachmann, gefüllt mit Chantré. Jemand hier, der sich vielleicht unterhalten möchte? Hallo?

Überall nur mürrische, verpennte Visagen, ich gehe zum Rauchen vor die Tür, um mal nachzuschauen, was Angela

Merkel macht. Aber das Büro ist zu weit weg, um etwas erkennen zu können. Als ich wieder reingehe, blockiere ich hinter mir die Drehtür: Die beiden Bullen gucken schön blöd aus ihren grünen Anzügen, als ich ihnen zuwinke. Niemand lacht, ich schon. Ich frage mich oft, wie die Leute ihr Leben eigentlich aushalten, wenn sie nicht mal in der Lage sind zu lachen. Sie nehmen sich und das Leben viel zu ernst, und das kann tödlich sein.

Als endlich der Sprinter einfährt, heute ausnahmsweise im Tiefgeschoss des Berliner Hauptbahnhofs, bin ich der Outsider unter meinen Mitreisenden. Ich bin umgeben von frisch geduschten Geschäftsreisenden mit dennoch winzigen Augen, jeder ganz alleine mit sich und seiner Müdigkeit, mit seinen Plänen für den Tag. Manche wirken extrem angespannt. Und ich mittendrin, mein rechtes Auge brennt, die Kontaktlinsen muss ich schon ewig drin haben. In der Zugtoilette reiße ich mir die Dinger einfach aus den Augen und spüle sie das Klo runter. Mein rechtes Auge sieht aus wie bei einem Albino-Kaninchen. Ich rauche noch eine. Wenn man den Rauch in das Toilettenbecken ausatmet und gleichzeitig die Spülung betätigt, wird der Rauch rausgesaugt, man riecht dann nichts mehr.

Ich muss irgendwie diese Fahrt überstehen, ohne auszurasten. Ich schalte auf Autopilot, versuche, mich ganz normal zu verhalten, und setze mich auf meinen Platz, nicke meinem Nachbarn kurz zu, der sich in eine Zeitung vergraben hat.

Erst kurz vor Frankfurt werde ich wieder wach, weil mein Nachbar lautstark telefoniert: »Ick muss nach Frankfurt ... Ja, zur Inter-Scheiße ... Watt? ... Na, zur Inter-Klo!«

Jetzt weiß ich wieder, welche Messe gerade in Frankfurt ist, die ISH, Weltleitmesse Erlebniswelt Bad, Gebäude-, Energie-, Klimatechnik, Erneuerbare Energien, früher hieß das einfach nur Fachmesse für Heizungs-, Sanitär und Klimatechnik. Wo ich mich doch so für Badezimmer interessiere. Ich muss schon wieder lachen, der Schlaf hat gutgetan. Ich renne durch den halbleeren Zug bis zum Bordbistro, um mir einen übel schmeckenden Kaffee zu kaufen, und gehe noch eine rauchen. Als ich vorsichtig in den Spiegel schaue, denke ich, dass ich trotz allem ein Sonntagskind bin. Von der Rötung im Auge ist nichts mehr zu sehen, auch ansonsten ist alles frisch, ich sehe aus, wie aus dem Ei gepellt. Nicht schlecht nach drei Tagen Exzess. Frankfurt, ich komme.

Wie alle anderen Geschäftsreisenden auch hetze ich den Bahnsteig entlang. Obwohl ich gar keine Eile habe, der Termin mit dem Kunden ist erst in eineinhalb Stunden. Ein Autohändler mit Fußfetisch, der jedoch leider nicht nur auf Rumschnüffeln steht, sondern am liebsten überall an einem herumleckt und nuckelt. Vorher duschen darf man auch nicht – und hinterher hätte man es theoretisch nicht mehr nötig. Aber eben nur theoretisch.

Als ich mir den nächsten Kaffee an einem Stand kaufe, erinnere ich mich blitzartig wieder an die letzten Tage. Besonders an den vorletzten. Ich habe einen Freund zusammengetreten. Einfach so. Nach einem Streit. Ich habe ihm eine reingehauen, ihn die Treppe runtergeschubst und noch einmal nachgetreten. Die Szene flackert nur kurz in meinem Bewusstsein auf. Mir bricht der Schweiß aus, und ich gehe sofort in den nächsten Bahnhofsshop, um mir eine kleine Flasche Chantré zu kaufen. Ich öffne den Schraubverschluss, das Zeug riecht eklig, wenn es helllichter Tag ist, und erst als ich die ganze Flasche ausgetrunken habe, hört mein Herz auf zu rasen. Es wird stattdessen in ein Kissen aus Wärme eingebettet. Endlich verschwindet auch dieses merkwürdige Gefühl, dass einen die Füße nicht mehr tragen, sondern man stattdessen auf win-

zigen Punkten läuft wie auf Stelzen, das Gefühl, gleich umzu-
fallen, einfach so, inmitten all der Leute. Ich kann mir überhaupt nicht vorstellen, dass mir jemand helfen würde. Und ich
möchte auch gar nicht, dass mir jemand hilft. Ich passe auf
mich alleine auf.

Ich hetze weiter, um meine Sachen ins Hotel zu bringen.
Putze mir die Zähne, duschen geht ja nicht, Mist. Ich nehme
mir ein Taxi, um möglichst rasch zu dem Hotel zu kommen, in
dem ich mich mit dem Autohändler verabredet habe. In der
Lobby sieht man überall Vertretertypen, die wahrscheinlich
zur Inter-Klo wollen.

Ich fahre sofort in den fünften Stock, Zimmer 526. Mir geht
es nicht gut, ich vergesse sogar, erst mal ins Bad zu gehen. Der
Typ sitzt schon im Bademantel auf dem einzigen Stuhl des
Zimmers. Seine Kleidung ist nirgends zu sehen, womöglich
gehört er zu der seltenen Spezies von Menschen, die Hotel-
schränke tatsächlich benutzen. Weil ich so erschöpft bin, vergesse ich sogar, ihn darauf hinzuweisen, dass er bitte seinen Ehering ablegen soll. Und als wir anfangen, irgendeinen
Blödsinn miteinander zu reden, denke ich nur: Mann, der
muss doch merken, dass ich total durch den Wind bin. Aber
es scheint ihm völlig einerlei zu sein, im Gegenteil, er stört
sich nicht an meiner Fahne am frühen Morgen. Sie passt wohl
in seine Phantasie.

Er legt sich vor mich auf den Teppich und beginnt, an meinen Turnschuhen herumzunesteln. Ich muss mich erst mal
setzen. Jetzt leckt er an den Nikes, versucht, seine Finger zwischen Socken und Schuhwände zu quetschen, stöhnt ein bisschen. Er zieht mir den rechten Schuh aus, lutscht an meinem
großen Zeh, der noch besockt ist. Meine Socken sind feucht,
wann habe ich sie zuletzt gewechselt? Ein Fest für den Autohändler. Er reibt sich mit seinem Gesicht an meinen Socken,

er scheint meine Socken einatmen zu wollen. Dann leckt er meine Schienbeine, leckt den Schweiß aus den Kniekehlen – ist dort auch welcher? Er arbeitet sich immer weiter nach oben und schlabbert und leckt und schnüffelt, schiebt dazu meine Hosenbeine hoch.

Ich ziehe meine Hose aus. Er fängt wieder von unten an, lutscht an meinen Zehen, schleckt die Zehenzwischenräume aus. Und wieder weiter nach oben, Schienbein, Knie, Oberschenkel. Alles ist nassgeschlabbert, und dort, wo der Speichel erkaltet, bekomme ich eine Gänsehaut. Er fummelt an meiner Unterhose, knetet an meinem Schwanz rum, zieht mir die Unterhose runter. Schlabbert, schleckt. Nuckelt an meiner Eichel, an meinen Eiern, bedeckt mich überall mit seinem Speichel.

Er schrammt beim Blasen ständig an meine Eichel. Es tut weh. Ich drehe mich daher um. Er leckt meine Arschbacken. Er quetscht sein Gesicht zwischen meine Arschbacken und leckt mein Arschloch. Er grunzt dabei, prustet, weil er keine Luft mehr bekommt, nicht mehr atmet, sondern nur noch leckt, lutscht und saugt. Seine Nase ist eingequetscht. Zwischen meinen Arschbacken. Er reibt seine Glatze einmal längs meiner Ritze und schnappt nach Sauerstoff. Er nimmt sich meinen rechten Fuß und presst ihn an seinen Schwanz, während er hinter mir vor dem Bett kniet. Er wichst sich einen mit meinem rechten Fuß.

Plötzlich keile ich nach hinten aus wie ein scheu gewordenes Pferd. Der Autohändler wird an die Wand hinter ihm geschleudert. Blitzschnell stehe ich auf, stelle mich vor ihn und schiebe ihm meinen Schwanz in den Mund, als ob es eine Knarre wäre. Und das turnt ihn an, er schrubbt sich wie wild einen, während ich seinen Kopf ficke, der im Rhythmus an die Wand rummst.

Als ich endlich wieder in meinem Hotel bin, lasse ich mir als erstes ein warmes Bad ein. Wieder kommt die Erinnerung an den Streit im Treppenhaus hoch.

Ich weiß nicht mehr, warum wir uns überhaupt gestritten haben. Ich weiß nur noch, wie ich ihm eine ballere, ihn die Treppe runterschubse. Ihm in die Seite trete. Mensch, Mensch, Mensch. Ich kenne dich schon so lange. Ich war noch ein Junge, als wir uns kennengelernt haben. Und ich war immer der Draufgänger, der tollkühne junge Kampfhund, der immer gut drauf ist und unternehmungslustig. Der sich nicht scheut, das Maul aufzumachen, wenn es irgendwo Ärger gibt. Der kleine, unverschämt gutaussehende Macker, der immer das beste Zeug beschafft und die besten Partys organisiert, einer, mit dem das Leben Spaß macht und nie langweilig wird. Ich habe es manchmal so satt, für alle diese Show abzuziehen, diese Spielchen mitzumachen und auf Knopfdruck den Typen zu spielen, der sagt, wo es langgeht. Nur weil ihr alle zu faul seid, selbst mal nach dem Weg zu schauen.

Als ich aufwache, ist das Wasser deutlich abgekühlt. Ich bin nicht ertrunken. Meine Hände sehen aus wie ein Schildkrötenhals, die Haut hat sich durch das Wasser so stark aufgeweicht und verformt, dass sie fast weh tut, nachdem ich mich abgetrocknet habe.

Im Spiegel sehe ich, dass meine Brusthaare ganz schön nachgewachsen sind, und ich kann mich nicht mehr genau erinnern, ob der nächste Kunde auf Brusthaare steht oder nicht, ansonsten steht er auf die Türkennummer. Dann wohl doch auch auf Brusthaare. Was weiß ich. Unterhalb der Brusthaare, auf Höhe des Solarplexus, baumelt mein Amulett in Form einer Delphinflosse. Es stammt aus einem Dorf in der Türkei, in dem ich noch nie war. Das Amulett gibt mir Kraft, es beruhigt mich, wenn ich durcheinander bin. Ich bin froh, es dabei zu haben.

Ich knabbere ein Stück Viagra ab, obwohl ich sogar eben bei dem wandelnden Waschlappen mit der Glatze einen Ständer bekommen habe, aber sicher ist sicher. Der nächste Stammkunde wartet. Über eines meiner Escort-Profile meldet sich noch jemand anderes, der gerade in Frankfurt zur Messe ist. Ich knabbere gleich noch ein weiteres Stück von der Viagrapille ab und sage an, dass ich in einer Stunde bei ihm sein kann.

Dieses Mal handelt es sich nicht um ein Hotel, sondern eine Pension am Stadtrand Frankfurts. Der Kunde erwartet mich vor dem Eingang der Pension, nervös rauchend. Bei so einer kleinen Pension kann man nicht einfach an der Lobby vorbeirauschen und gleich ins Zimmer gehen. Der Kunde sieht aus wie ein Handwerker oder Facharbeiter. Wie jemand, der mit seiner Hände Arbeit Geld verdient. Ein junger Kerl, nicht besonders hübsch, eher der Typ von nebenan. Er ist betrunken. Am helllichten Tag. Betrunkener als ich auf jeden Fall.

Er wirkt nett und scheu. Er schleust mich an der Pensionswirtin vorbei. Die Pension ist eigentlich ein Einfamilienhaus, gebaut wohl in den Sechzigern, und so sieht sie auch aus. Röhrender-Hirsch-Charme. Hier wohnen zu Messezeiten Leute, die kein Hotelzimmer mehr bekommen haben, oder solche, deren Firma geizig mit den Spesen ist. Sein Zimmer ist schmucklos, aber penibel sauber, ordentlich. Man fühlt sich wie in einem Gästezimmer bei Privatleuten, das eigentlich nie benutzt wird, und ich würde mich am liebsten in eines der Betten legen und mindestens 24 Stunden schlafen.

Stattdessen stellen wir uns an das geöffnete Fenster und rauchen erst mal eine.

»Wie heißt du?«, frage ich ihn.

»Peter«, sagt er und schaut auf den gegenüberliegenden Garten, in dem eine Deutschlandfahne weht, aufgepflanzt inmitten eines Kräuterrondells.

Er macht sich noch ein Bier auf, bietet mir ebenfalls eines an, was ich dankbar annehme, obwohl Bier eigentlich noch müder macht. Peter erzählt, dass er mit seinem Chef zusammen wegen der Inter-Klo in Frankfurt ist und sich heute krankgemeldet hat. Es ist ihm alles zu viel.

Er sagt, dass es ihm nicht gutgehe und ob er mir mal was zeigen dürfe?

Ich nicke.

Er knöpft seine Jeans auf – und ich sehe schon: ein Spitzenhöschen. Er hat den ersten Schritt getan, wozu er sich vorher Mut antrinken musste. Jetzt ist es an mir, meinen Job zu machen: »Na, du bist ja ein scharfes Mäuschen, komm mal her zu mir.«

Ich bewege mich auf ihn zu und umfasse seine Taille, sie ist schmal, so schmal wie bei einem jungen Mann mit athletischem Körperbau. Er hat ein breites Kreuz, sein Körper fühlt sich fest an, hart, unter der Haut fühle ich die einzelnen Muskelgruppen. Ich drücke ihn fest an mich, küsse seinen Hals, er beugt den Kopf leicht nach hinten. Ohne weitere Worte mime ich einfach den Verführer, alles andere würde die Situation nur noch weiter verkrampfen. Man muss handeln, die Führung übernehmen wie ein Mann eben.

Dann trete ich zurück, setze mich auf einen Stuhl: »Komm Süße, zieh deine Hose aus.«

Er tut, was ich sage, zieht seine Turnschuhe aus und seine Tennissocken, streift die Jeans runter. Und ohne weitere Ansagen auch seinen Kapuzenpullover. Ein prächtiger Kerl steht vor mir, mit glatter, gebräunter Haut in jener nussbraunen – oder vielleicht eher bronze schimmernden – Farbe, wie man sie bei blonden Menschen häufig antrifft, mit einer Tätowierung auf dem kräftigen rechten Bizeps. Ein Bauarbeiter in Spitzenhöschen, Strapsen und Seidenstrumpfhosen.

»Komm, beweg dich ein bisschen für mich, tanz ein bisschen«, sage ich zu ihm.

Er zögert, doch dann beginnt er eine kleine Performance, streckt seine Arme in Richtung Decke und lässt die Hüfte kreisen, ein bisschen unbeholfen vielleicht, aber er ist eben auch keine geübte Table-Tänzerin.

»Ja, geil, Süße, du machst mich scharf«, zische ich gepresst.

Er fährt mit seiner Hand über sein Höschen, von seiner Beule ist nichts zu sehen, wahrscheinlich ist das ganze Paket von der engen Damenhose plattgedrückt, quasi zwischen die Beine gezogen.

»Dreh dich um, und zeige mir deinen süßen Arsch, komm.« Er hat einen festen, kleinen Apfelarsch, auf dem winzig kleine blonde Härchen glitzern, ein paar sichtbarere bilden eine Linie, die die Ritze zwischen seinen Backen nach oben fortführt.

»Du kleines scharfes Luder, komm her und blas mir einen, ich halte es nicht mehr aus.«

Er kniet sich vor mich und bläst ihn mir hoch, wirkt ungeübt dabei. Als er mir steht, ziehe ich ihn zum Bett, versuche, ihm sein Höschen abzustreifen, damit ich ihn ficken kann. Doch er wehrt ab – die Spitzenunterwäsche muss am Leib bleiben.

Natürlich, das hätte ich wissen müssen, er ist schließlich nicht der erste Kunde dieser Art. Das ganze Spiel funktioniert nur mit Damenkleidung, denn sie erlaubt ihnen, in die weibliche, passive Rolle zu schlüpfen. Ein Schlüpfer oder eine Korsage, das sind die Hilfsmittel, die Verkleidung, die einen Rollentausch ermöglicht. Es sind oft Männer, die eine extreme, sehr konservative Vorstellung von Männlichkeit haben und diese im richtigen Leben auch bedienen – und wenn der Druck auf dem Kessel zu stark wird, brauchen sie ein Ventil.

Das Höschen muss anbleiben. Er führt meine Hand an sein Höschen, damit ich daran reibe, er stöhnt. Es ist die Berührung in Kombination mit der Kleidung, die ihn richtig heiß macht. Das irritierende Moment besteht darin, dass es nicht ganz richtig ist, dass er meine Hand führt. Ich spüre seine Kraft, als er meine Hand an sein Höschen drängt. Seine Bewegungen, seine Physis, sein Geruch nach frischem Schweiß, alles ist Kerl, und doch sehnt er sich jetzt nur noch nach einem Fick. Er will gefickt werden, passiv sein, loslassen können, willenlos sein. Er will sich hingeben. Ich lege mich auf ihn mit meinem ganzen Gewicht – ich denke mal, er ist eigentlich schwerer als ich –, reibe meinen Körper an seinem, dann knie ich mich hin, hebe seine Beine hoch, drücke sie in Richtung seines Kopfes, so dass sein Arsch in die Reichweite meines Schwanzes kommt. Ich fummle an dem verflixten, eng sitzenden Höschen, bis der Anus zum Vorschein kommt.

»Da ist ja deine geile kleine Fotze, bist du schon feucht?«, sage ich, spucke in meine Hand und massiere den Speichel in seine Fotze, die eben keine ist, damit es ihm gleich nicht so weh tut beziehungsweise damit ich überhaupt reinkomme. Ich muss ihn erst ein wenig befingern, öffnen – so unerfahren, wie er wirkt, wird er sonst ohnmächtig vor Schmerz oder bekommt einen regelrechten Krampf, wenn ich einfach so in ihn eindringe. Er will zwar gefickt werden, hat aber keine Ahnung, wie das wirklich ist – ich ahne jedenfalls, dass es so ist.

Ich dringe ganz vorsichtig in ihn ein, immer nur ein kleines Stückchen und dann wieder raus, wieder ein bisschen fingern, wieder ansetzen. Stück für Stück, bis ich irgendwann ganz in ihm drin bin. Er gibt keinen Laut von sich, so dass ich erst mal nicht richtig einschätzen kann, ob es okay ist, wenn ich jetzt richtig loslege, oder ob der Schmerz noch zu groß ist. Poppers habe ich keines dabei, und er weiß womöglich überhaupt nicht, was das ist. Würde die Angelegenheit erleichtern. Da er jedoch kein »Profi« zu sein scheint in Fragen der sexuellen

Entgrenzung, weiß er auch nicht, dass die Schnüffelei an dieser nach alten Socken riechenden Chemiebrühe bewirkt, dass sich alle Muskeln, also auch der Schließmuskel, entspannen. Aber wir bekommen es auch so hin. Er fängt an zu stöhnen, entspannt sich, windet sich. Er streichelt seine Strapse, streicht über seine Strumpfhosen – und gibt sich hin.

Als ich gekommen bin, kramt er seinen ziemlich großen, schön gewachsenen Schwanz seitwärts aus dem Höschen und holt sich einen runter. Als er abgespritzt hat, wischt er sich mit seinem neben dem Bett liegenden T-Shirt ab, setzt sich hin und zündet sich eine Zigarette an. Das Spiel ist vorbei. Peter ist wieder da.

Ich frage ihn, ob das sein erstes Mal war, und er antwortet mit einem nüchternen Ja. Kein großer Redner, aber ich will jetzt einfach wissen, was mit ihm los ist. Aber er weiß es selbst nicht genau.

»Die Wäsche habe ich meiner Freundin geklaut. Manchmal schließe ich mich im Bad ein und betrachte mich selbst im Spiegel. Das macht mich dann geil, mich in Strapsen und Frauenunterwäsche zu sehen. Und ich weiß einfach nicht mehr weiter. Ich weiß einfach nicht, wo das herkommt. Und meine Freundin ist im vierten Monat, wir bekommen doch bald unser erstes Kind. Das alles macht mir Angst.«

Wenn ich bloß wüsste, was mit mir selbst los ist, denke ich. Dann könnte ich ihm vielleicht helfen. Aber ich bin damit genauso überfordert. Warum habe ich ihn bloß gefragt? Ich weiß auch nicht, woher so etwas kommt. Ich nehme die hundert Euro vom Nachttisch, ziehe mich an, gebe ihm die Hand und wünsche ihm viel Glück, bevor ich ihn alleine in seinem Zimmer zurücklasse.

Als ich vor der Tür stehe, merke ich, wie erschöpft ich bin. Nicht nur körperlich. Ich bräuchte auch mal jemanden, der mich fragt, was mit mir los ist. Jemanden, der mir zuhört. Mich mal in den Arm nimmt. Ich überlege fast, ob ich nicht zurückgehen soll, um mit Peter zu reden. Vielleicht würde ihm schon helfen, wenn ich ihm sagte, dass er nicht der einzige Mensch auf der Welt ist, dem es so ergeht. Er müsste mit jemandem reden, mit anderen »Betroffenen« oder mit einem Therapeuten, vielleicht auch einfach nur mit seiner Freundin.

Und mit wem rede ich? Ich setze mich auf eine Gartenbank, die im Vorgarten der Pension steht, und mir laufen die Tränen runter wie Wasser. Einfach so, wie nebenbei. Es ist kein Heulkrampf, ich muss nicht schluchzen, die Tränen laufen einfach runter. Erst als ich mir eine Zigarette anzünde, hört es wieder auf, schlagartig. In zwei Stunden habe ich den nächsten Termin.

Der Typ ist seit dem letzten Mal auch nicht schöner geworden, das ist mein erster Gedanke, als ich vor seiner Haustür stehe und er öffnet. Aber wenigstens kommen wir gleich zur Sache, so wie es verabredet war. Wir kennen uns schon, und ich weiß im Prinzip, was er will. Eine mittlere Überfallsituation. Türkischer Stecher von der Straße überrumpelt ihn in seiner Wohnung und macht mit ihm, was er will.

»Los, los, los, auf die Knie, blas mir einen.«

Ich dränge ihn in Richtung der Badezimmertür, damit wir es gleich nicht so weit haben. Er steht zwar auf die harte Tour, will aber hinterher keine Flecken auf dem Teppich haben. Nachdem ich ihn eine Weile habe lutschen lassen, schubse ich ihn in das Badezimmer, die Tür ist nur angelehnt.

»Los, knie dich in die Dusche.«

Macht er auch, mit allen Klamotten an.

»Ich muss mal pissen, und du bist mein Klo, verstanden?!«

Auf dem Weg zu seiner Wohnung habe ich hektisch eine

ganze Flasche Mineralwasser in mich geschüttet, mehr ging nicht, das muss reichen. Und es reicht auch, um ihn komplett nass zu machen.

»Dreh dich um, du Schwein. Lass deine Hose runter!«

Er streckt mir, in der Dusche stehend, seinen Arsch entgegen, ein absurdes Bild, ich streife mir einen Gummi über und mache mir ernsthafte Gedanken um meine Erektion, aber er steht glücklicherweise wie eine Eins. Als ich in ihm drin bin, bemerke ich nach ein paar Stoßbewegungen, dass er sich nicht gespült hat. Es riecht plötzlich im Badezimmer wie in einer öffentlichen Bedürfnisanstalt nach Urin, Fäkalien und seinem verdammten, süßlichen Eau de Toilette.

Mich überkommt ein Ekel, den ich gar nicht beschreiben kann. Und ich bin einfach nur sauer. Der Typ weiß genau, dass ich nicht auf »Dirty« stehe, wie das im Fachjargon heißt. Da ist bei mir Schluss, ich kann das einfach nicht ertragen. Ich ziehe raus, streife mir den beschmierten Gummi ab und werfe ihn einfach auf den Boden.

»Das war das letzte Mal, dass wir uns gesehen haben«, schnauze ich ihn an und gehe einfach. Als ich wieder im Hotel bin, lasse ich mir die zweite Badewanne des Tages ein.

15 Euro-Ficker

Mittlerweile bin ich so übermüdet und überdreht, dass es mir unmöglich erscheint, jemals wieder Schlaf zu finden. Ich will meine Ruhe haben, aber trotzdem nicht alleine sein. Ich würde gerne mit jemandem sprechen. Ich ziehe mich um und gehe einfach raus in die kalte Frankfurter Nacht. Die Geschäfte haben geschlossen, aber es sind immer noch viele Leute unterwegs, es ist Donnerstag, Frankfurt bewegt sich auf das Wochenende zu, was einige Leute schon jetzt ganz aufgekratzt wirken lässt.

Ich gehe erst mal in diese Stricherbar, die ich schon von früher kenne. Vielleicht kann ich dort ein bisschen entspannen, runterkommen von diesem Tag und den letzten dreien, oder vieren?

Nachdem ich auf die Klingel gedrückt habe und endlich drin im Warmen bin, ist unübersehbar: Der Laden ist gut gefüllt, und, was die Angebotsseite betrifft, fest in rumänischer Hand. An der Bar rechts sitzt die Kundschaft, Stammkunden wie es aussieht, auf dem kleinen Podest tanzt ein junger Typ mit nacktem Oberkörper vor sich hin, buhlend um Aufmerksamkeit. Zwischendrin das Junggemüse, hier und da in scheinbar angeregte Gespräche mit Kerlen vertieft, die teilweise ihre Väter sein könnten – oder ihre Opis. Die Atmosphäre ist entspannt, familiär. Man kennt sich. Ich werde gleich gemustert. Konkurrent? Frische Ware?

Auch wenn es sich hier auf den ersten Blick um eine Freizeitstätte zu handeln scheint, mit einer Bar, blinkenden Spielautomaten und Darts: Bei diesem Amüsement handelt es sich in Wirklichkeit um harte Arbeit, und auch die jungen Männer, die scheinbar gemütlich rechts auf der Couch herumlümmeln, sind nicht wirklich zum Spaß hier. Sie bekommen zwar Cola und Wasser umsonst, aber alle anderen Getränke müssen sie entweder selbst bezahlen oder sich ausgeben lassen. Da fängt der Wettbewerb, das Geschäft schon an, denn wer am Ende den größten Deckel schafft, hat gute Karten bei Bernie. Bernie ist der Besitzer des Ladens, eine Mischung aus Kleinganove und Mutter Teresa. Er beutet die Jungs aus, aber im Gegenzug gibt es auch Fürsorge. Bernie, die Puffmutter, lässt es sich entsprechend nicht nehmen, einmal im Jahr, am Heiligen Abend, Würstchen mit Kartoffelsalat für »seine Jungs« zu machen. Beziehungsweise für diejenigen von ihnen, die tatsächlich kein Zuhause mehr haben. Es sind nicht wenige.

Und dann, ich fasse es ja nicht, steht plötzlich Andy vor mir! Der kleine Andy aus Rumänien, mal grade einundzwanzig Jahre alt, ein hübscher, netter Typ, den ich vor geraumer Zeit in der Toilette eines Frankfurter Techno-Clubs kennengelernt habe. Wir waren uns mehrmals den Abend über dort begegnet, und irgendwann hatte ich ihn einfach angequatscht.

»Na, du ziehst dir ja hier heute einen Kleinwagen durch die Nase«, meinte ich zu ihm. Der Junge war krass unterwegs an diesem Abend, er hatte einen Freier im Schlepp, der für alles bereitwillig zahlte, und Andy war in seinem Element.

Ich freue mich, ihn hier wiederzutreffen, ganz spontan, und frage ihn, was er trinken möchte, und bestelle uns zwei Wodka-RedBull. Wir stoßen an mit unseren Gläsern voller flüssiger Gummibärchen, so schmeckt das Zeug ja, macht aber fit, Kokain für Arme.

Andy holt gleich sein iPhone hervor, um mir zu erzählen, wie es ihm so geht und was er so macht. Alles ist digitalisiert, aufgezeichnet, alle flüchtigen Momente wenigstens auf Festplatte abrufbar, wenn sie nicht irgendwann gelöscht werden. Gestern feierte ein Freund von ihm, ebenfalls aus Rumänien und ein Kollege, seinen achtzehnten Geburtstag. Den Fotos nach schien es hoch hergegangen zu sein – der gerade frischgebackene junge Erwachsene war zuvor vier Tage mit einem Freier in Italien gewesen, einer dieser Kurzurlaube, bei denen man den Neffen mimt und in Wahrheit immer auf Standby ist, um dem freundlichen Onkel mit den Spendierhosen sexuell gefällig zu sein.

»Er hat Glück gehabt«, erzählt Andy, »sechshundert Euro, ein neues Handy und ein paar Turnschuhe, das ist wirklich nicht schlecht für vier Tage Abhängen am Gardasee«.

Man sieht Mirca, so heißt der junge Mann, auf seinem Bett liegen, offensichtlich ziemlich betrunken. Das Bett ist über und über mit Stofftieren vollgestopft, und auf dem nächsten Bild sieht man Mirca, wie er sich mit größter Leidenschaft an seinen Teddy klammert.

»Das ist Kitsch«, denke ich spontan. Doch bei aller Abwehr spüre ich einen seltsamen Kloß in meinem Hals. Er geht auch mit einem riesigen Schluck Wodka-RedBull einfach nicht weg.

Dann mache ich etwas, was ich sonst nie tun würde, ich fange einfach an, Andy zu erzählen, was ich heute gemacht habe, erzähle ihm von dem Socken-Heini, von Unterwäsche-

Peter und von meinem Ärger über den letzten Kunden. Ich erzähle ihm, dass ich seit Tagen nicht geschlafen habe und gerade so was von die Schnauze voll habe. Andy ist einfach nur verständnisvoll und hört zu. Das tut gut. Das tut so gut.

Er erzählt, dass er mit »Dirty« auch nicht kann und dass er beim ersten Mal, als er einem Kunden in den Mund scheißen sollte, sich noch währenddessen übergeben musste. Er erzählt, dass er sich wahnsinnig erschrocken und geekelt hat, als er einen Kunden ausgepeitscht hatte und dessen Blut auf ihn spritzte.

Wir kommen ins Fachsimpeln, und ich frage mich, warum ich vorher noch nie auf die Idee gekommen bin, mich mal mit jemand anderem auszutauschen, der vielleicht ähnliche Erfahrungen gemacht hat. Es ist ja nicht so, dass ich keine anderen Escorts kennen würde, im Gegenteil. Mit Sergej aus Berlin zum Beispiel verstehe ich mich wirklich gut, mit ihm arbeite ich am liebsten, wenn es darum geht, dass man zu mehreren einen Kunden bedient, und wir treffen uns ab und an auch privat. Aber über unseren Job reden? Das hat sich nie ergeben.

Außerdem ist er gerade ziemlich sauer auf mich. Wir hatten einen schönen Abend miteinander verbracht, hatten immer wieder was gezogen und auch miteinander geschlafen, einfach so, privat. Und dann hatte ich am nächsten Tag einfach verpennt, mein Versprechen, dass ich ihm an dem Abend gegeben hatte, auch einzulösen. Ich wollte ihm gutes Koks besorgen, und dann hat das einfach nicht geklappt. Das nächste Mal sahen wir uns erst wieder dienstlich. Während er den Kunden fickte und ich mich blasen ließ, wollte ich ihn küssen, mich sozusagen indirekt entschuldigen. Dann hat er mir in die Zunge gebissen, aber wie. Und dieser Blick: Er war wirklich ernsthaft sauer.

»Für dich bin ich doch auch nur ein Schwanz wie für alle anderen auch«, hat er mir hinterher gesagt.

Das hat mich wirklich betroffen gemacht, da das einfach nicht stimmt. Ich bin nicht jemand, der sich wie eine völlig abgefuckte Nutte benimmt. Wie jemand, der nur auf seinen Vorteil bedacht ist, nur an sich selbst denkt. Und an Geld. Vor einiger Zeit war ich mal mit einem anderen Escort-Kollegen, den ich wirklich sympathisch fand, zum Abendessen verabredet. Wir hatten gerade die Vorspeise bestellt, als sein Handy klingelte. Ein Kunde. Er stand auf und ging: »Tut mir leid mein Lieber, die Arbeit ruft. Lass uns ein anderes Mal treffen.« Ich habe mich nie wieder bei ihm gemeldet.

Auf einmal interessiert es mich, mehr über Andy zu erfahren, wer er eigentlich ist. Ich möchte ihm einfach nur zuhören, versuchen, ihn zu verstehen. Vielleicht ist dieser Andy noch jemand anderer, mehr als nur ein hübscher, junger Rumäne, der sich eine Nase nach der anderen reinzieht und Party macht, mehr als all diese jungen Typen, denen man im Nachtleben begegnet und denen alles egal zu sein scheint. Scheint, denn in einem solchen Umfeld kommt man ja auch nie dazu, sich wirklich zu unterhalten. Ich bestelle lieber noch zwei Wodka-Red-Bull und lasse das Tütchen mit dem Koks in meiner Tasche.

Ich frage Andy, wo genau er herkommt aus Rumänien und warum er heute Abend hier sitzt. Andy kommt aus einer größeren Stadt an der Schwarzmeerküste. Und er hat tatsächlich Lust zu erzählen, wahrscheinlich aus dem gleichen Grund wie ich. Er lebte bis vor kurzem in einer Wohnung genau über der Bar, in der wir gerade sitzen. Zusammen mit vielen anderen Jungen aus Rumänien. In einer Wohnung, die hauptsächlich aus Matratzen besteht, in der nie Ruhe ist, weil ein ständiges Kommen und Gehen herrscht oder irgendjemand Party macht – so wie gestern Abend, als Mirca seinen 18. Geburtstag dort feierte. Die Jungs müssen für ihren Schlafplatz dreihundert Euro im Monat zahlen und sind zudem angehalten, Präsenz in der Bar zu zeigen, um die Kundschaft anzulocken und sich – der Deckel-Wettbewerb – von ihnen Getränke ausgeben zu lassen. Davon lebt schließlich die Bar.

Andy ist schwul und – ich traue meinen Ohren nicht – seit kurzem Exstricher. Er hat vor einiger Zeit aufgehört und hat nun einen Job in einem Verlag. Er macht Büroarbeit, was ihm am Anfang sehr schwergefallen ist, weil er sich nicht konzentrieren konnte und nicht in der Lage war, Termine einzuhalten. Er war es einfach nicht mehr gewohnt. Den Job bekam er, weil endlich einer jener Gönner, die immer bloß Versprechungen machen, es ernst meinte und ihm wirklich eine Chance gab – mit allen Konsequenzen, auch der, dass ein junger Schützling mit einer solchen Vergangenheit schwierig sein kann.

»Ich habe es am Anfang nicht ausgehalten, eine Viertelstunde am Stück auf meinem Schreibtischstuhl zu sitzen, aber mein Boss hatte Verständnis und Geduld. So konnte ich mich eingewöhnen« erzählt Andy und wirkt erleichtert – und stolz.

»Warum sitzt du dann noch hier?«, frage ich ihn verwundert. Mit seiner etwas verkratzten, leisen Stimme erzählt er, dass er hier mit seinen Freunden, seiner Clique verabredet sei. Stricher aus Rumänien, denn andere Menschen kennt er kaum in Deutschland. Er kam her, weil er zu Hause in Rumänien keine Zukunft mehr hatte. Seine Mutter hatte ihn rausgeschmissen, nachdem herausgekommen war, dass er schwul ist. Die Tatsache, dass der Freund seiner Mutter ein Auge auf ihn geworfen hatte, machte seine Situation auch nicht leichter. Er flüchtete nach Deutschland – kein Problem mehr für Rumänen, allerdings dürfen sie hierzulande nicht ohne weiteres arbeiten.

Andy wusste sich keinen Rat. Er war in einem fremden Land und hatte keine Möglichkeit, sich in normalen Zusammenhängen über Wasser zu halten. Rumänen bekommen in Deutschland nicht wie andere EU-ler eine Arbeitserlaubnis. Von anderen jungen Rumänen hörte er von der Möglichkeit, sich mit Männersex gutes Geld zu verdienen – und sprang einfach ins kalte Wasser.

»Ich hatte überhaupt keine Wahl, ich wäre verhungert, also habe ich das gemacht. Nach dem ersten Mal mit einem Kunden war ich wie betäubt. Er hatte mich gefickt, und ich war voller Scham und Ekel. Ich bin an den Main gegangen und habe dort stundenlang gesessen, alleine. Ich dachte immer nur: Jetzt hast du es getan, jetzt hast du dich verkauft.«

Seine Erzählung erinnert mich an eine Zeit, an die ich mich nicht gerne erinnere. Die extraschlanke Delikatesse.

»In Rumänien hatte ich nur einmal Sex mit einem Mann, ich hatte ihn über das Internet ausfindig gemacht und mich mit ihm verabredet. Alle anderen sexuellen Erfahrungen habe ich erst in Deutschland gemacht. Hier habe ich auch gelernt, was Drogen sind. Ohne sie hätte ich das alles gar nicht machen können. In diesem Job gibt es doch keine Grenzen. Du musst alles mitmachen, sonst verdienst du kein Geld. Manche meiner Kollegen, die von sich sagen, dass sie Hetero sind, gehen zu den Kunden und machen gar nichts. Die setzen sich auf die Couch, fassen die Kunden nicht an und lassen sich einen blasen. Aber die Kunden sind damit nicht zufrieden, die wollen mehr für ihr Geld. Du musst dich dem anpassen. Am Anfang habe ich gesagt, ich bin nur passiv, weil ich Angst hatte, dass ich keinen hochbekomme. Aber die Kunden wollen meistens einen Aktiven, also habe ich mit Viagra angefangen. Erst habe ich nur ein bisschen genommen, dann eine ganze, dann zwei. Irgendwann hilft das auch nicht mehr. Ich bin jung, und da kann man oft, aber auch nicht viermal hintereinander. Mittlerweile habe ich, glaube ich, sexuell alles durch, was es gibt. Aber worauf ich selbst wirklich stehe, weiß ich gar nicht genau.«

Während er erzählt, kommen plötzlich Bilder in mir hoch, von früher. Ich erinnere mich an meinen ersten »Outcall«, als ich mit dem Taxi an den Stadtrand von Berlin musste. Es war ein alleinstehendes Haus, davor eine Holzveranda mit knarrenden Dielen. Drinnen lagen überall Sisalteppiche, die einen etwas feucht-muffigen Geruch verströmten. Ich sehe den dicken, fetten Schwanz des älteren Mannes vor meinem Gesicht baumeln, seine unrasierten, tief hängenden Eier. Dann verschwindet das Bild wieder, zum Glück, es hat nur einen Moment hervorgelugt unter dem Deckel aus Beton, den ich darübergelegt habe.

Andy erzählt, dass es mit der Zeit immer schwieriger wurde, weil immer mehr Jungs aus Rumänien und Bulgarien nach Frankfurt kamen, was die Preise nach unten drückte. Er erzählt, dass es ihm nach und nach schwerer fiel, die Kunden auszuhalten, und dass er besonders nach einem Schluck Alkohol unheimliche Aggressionen gegenüber seinen Kunden verspürte – was ihm auch heute noch passiere. Dann regt er sich schnell auf, und es kann ungemütlich werden. Handgreiflich.

»Die Menschen sind mir mittlerweile suspekt, aber ich meine damit nicht nur die Kunden. Ja, die sind auch schlimm. Sie nutzen dich aus, klar, halten sich nicht an deine Grenzen, versuchen, die Preise zu drücken, und versprechen dir das Blaue vom Himmel, um an einen kostenlosen Fick zu kommen. Aber die Stricher sind nicht besser, vielleicht sogar schlimmer. Du kannst niemandem trauen, und wenn du es doch tust, hauen sie dich bei der ersten Gelegenheit übers Ohr. Sie betrügen dich, sind nur auf ihren Vorteil aus und haben überhaupt keine Ehre mehr im Leib. Natürlich kennt hier jeder jeden, und man ist irgendwie befreundet, macht viel Scheiß zusammen und hilft sich auch. Aber wenn einer seine Chance wittert, geht der über Leichen. Vielleicht ist das bei den Bulgaren besser, die hängen immer alle auf einem Haufen rum. Bei uns Rumänen ist es einfach nur schlimm.«

Ein anderer Typ nähert sich unserem Tisch, reicht Andy die Hand und begrüßt auch mich.

»Hey, Mirca, setz dich doch kurz zu uns«, sagt Andy.

Mirca setzt sich, wirkt aber sehr verschlossen. Ich versuche, ihn etwas aufzumuntern, indem ich ihn einfach ein bisschen volltexte, aber er antwortet stets nur einsilbig: »Ja«, er habe gestern Geburtstag gefeiert, »nein«, er sei nicht aus Bukarest.

Was weiß ich schon von Rumänien. Land der Vampire, Transsylvanien und kleine behinderte Kinder, die im Waisenhaus verwahrlosen, mehr weiß ich nicht. Und das sage ich ihm auch.

»Es gibt nicht nur Arme in Rumänien. Es gibt auch Reiche, die mit großen Autos herumfahren. Bloß in der Mitte gibt es nichts«, erklärt Mirca. »Meine Familie lebt von der Hand in den Mund, ich glaube, sie sind ganz froh, mich los zu sein. Und freuen sich, wenn ich ihnen von Zeit zu Zeit etwas Geld schicke.«

Andy sagt gar nichts und starrt in sein Glas. Dann, von einer Sekunde auf die andere, schiebt Mirca ab, zwei Meter weiter setzt er sich neben einen potentiellen Kunden, der eben Blickkontakt mit ihm gesucht hat. Unser Gespräch ist damit beendet, Geschäft ist Geschäft. Andy schaut mich einfach nur an, traurig. Ich weiß gar nicht, was ich sagen soll. Aber diese Szene hier ist anders als neulich in der Schöneberger Bar. Was soll ich Andy raten, was soll ich ihm mit auf den Weg geben? Er hat ja anscheinend bereits einen ganz anderen Weg eingeschlagen. Er spricht in der Vergangenheit von einem Leben, das bei mir Gegenwart ist.

Ich sage: »Das sind ja wirklich schlimme Zustände bei euch, Jungs. Ich bin froh, dass ich Escort bin.«

Woraufhin Andy nur meint: »Glaubst du denn wirklich, dass das ein Unterschied ist?«

Ich denke nach. Natürlich gibt es Unterschiede. Ich stehe ja nicht verzweifelt auf der Straße oder hänge ständig in Bars herum, um Kundschaft anzulocken. Aber in einem Punkt hat er schon recht: Das eigentliche Ding ist das Gleiche.

»Ich muss mal kurz auf die Toilette«, sage ich zu Andy.

In der Kabine suche ich hektisch in meinen Taschen nach dem Tütchen mit dem Koks. Als ich zurückkomme, bin ich schon viel besser drauf. Aus den Boxen heult Marianne Rosenberg ihr »Marlen, eine von uns beiden muss nun gehen«, und ich muss lachen. Ich finde diese ganzen tragischen verlorenen Gestalten in dieser Bar mitten in der Frankfurter Innenstadt einfach nur noch komisch. Die Beklemmung von eben weicht einem völlig anderen Bewusstsein.

»Mensch Andy, jetzt schau doch nicht so deprimiert, komm, wir machen noch einen drauf. Wo wollen wir noch hingehen, Alter?«, sage ich und klopfe ihm auf die Schulter.

»Du, war schön, dass wir uns hier wiedergetroffen und ein wenig geredet haben, aber ich muss jetzt los. Meine Arbeit beginnt bereits um neun Uhr, und es ist schon spät.«

Als Andy verschwunden ist, will sich ein alter Sack neben mich setzen.

»Schieb ab!«, schnauze ich ihn an.

Ich trinke meinen Wodka-RedBull aus, zahle und gehe in mein Hotel.

16 Auf dem Sklavenmarkt

Ich habe vielleicht ein Glück: Heute kam eine Buchung rein für den kommenden Freitag, Hotel-Date: die ganze Nacht! Ein mittelalter Typ mit Kinnbart, der Gesellschaft braucht. Das bringt schönes Geld, und das kann ich gerade gut gebrauchen. Es ist ein prima Tag heute. Ich war beim Friseur – mit allem Drum und Dran: Gesichtsmassage, Rasur. Vorher war ich noch beim Sport, bisschen Rudermaschine, bisschen Laufband. Wenn man sich hängen lässt, ist alles vorbei. Das zieht dann Kreise.

Und für heute Abend muss ich fit sein. Der Typ, der mich neulich in Frankfurt für diese Hardcore-Nummer haben wollte, die dann aus Termingründen doch nicht zustande kam, ist heute in Berlin. Er möchte, dass ich ihn als meinen Sklaven durch die Gegend schleife, ihn erniedrige und »zur Benutzung« freigebe. Nur sein Wunsch, »von Heteros benutzt zu werden«, wird schwierig zu organisieren sein. Wie stellt er sich das bloß vor? Aber genau darum geht es ja auch nur, es ist seine Vorstellung, und dabei bleibt es am Ende. Ich muss trotzdem versuchen, mit meiner Performance so nahe wie möglich an seine Phantasien ranzukommen.

Ich hole ihn im Hotel ab – vorher habe ich mich ein bisschen um Zuhälterlook bemüht, ich trage meine schwere Lederjacke und eine heftige Kette, die ich über das T-Shirt baumeln lasse.

»Du bist spät dran, jetzt komm endlich, deine Kundschaft wartet.«

Ich fahre mit ihm zum Berliner Tiergarten an die Stelle, an der sich des Nachts die Männer zum Sex treffen. Es ist schon dunkel, doch eigentlich sind wir noch viel zu früh, die Hochzeit beginnt erst so gegen elf. Aber schon jetzt sieht man am Straßenrand des 17. Juni, der großen Prachtstraße, die mitten durch den Tiergarten läuft, mehr parkende Autos, als um diese Tageszeit hierhergehören würden.

Ich gehe vor, und er muss mir folgen. Es dauert eine Weile, bis man sich an die Dunkelheit im Park gewöhnt. Erst mal sieht man überhaupt nichts, hört nur das Knacken im Gebüsch und ein leises Rauschen von der Straße, wenn Autos vorbeifahren. Man weiß nie genau, von wem das Knacksen stammt. Wenn es ganz leise ist, stammt es vermutlich von einem kleinen Tier. Und wenn es sich anhört, als ob gleich ein Reh vorbeispaziert kommt, dann handelt es sich in der Regel um einen Typen, der hier auf der Suche nach Sex ist. Manche stehen am Rand der um diese Zeit verlassenen Wege und rauchen, andere rennen hektisch auf und ab. Hinter größeren Baumstämmen und zwischen dem Buschwerk sieht man Paare oder kleinere Gruppen mit heruntergelassenen Hosen stehen, nur spärlich vom Halbmond beschienen.

Aber mit meinem Kunden habe ich etwas ganz Besonderes vor, das wird ihm gefallen – und für mich ist es, von der Organisation her sehr praktisch. Ich führe ihn über eine Lichtung bis hin zu einer Art Grillhütte, vor der zwei Tischtennisplatten aufgestellt sind.

»Los, zieh deine Hosen runter, und leg dich mit dem Bauch auf die Platte, wird's bald! Und beweg dich nicht, sonst bekommst du ein paar aufs Maul von mir!«

Er tut, was ich sage. Und ich stelle mich ein wenig abseits, um eine zu rauchen. Und um abzuwarten. Was nicht allzu viel Zeit in Anspruch nimmt. Schon nach ein bis zwei Minuten nähert sich eine Gestalt aus dem Schatten des Grillhäuschens und bewegt sich in Richtung Tischtennisplatte. Eine korpulente Gestalt, das Gesicht kann man nicht sehen, das Alter, wenn überhaupt, nur schätzen. Er nähert sich meinem Frankfurter Sklaven und fängt an, ihn zu befingern. Dann öffnet er seinen Reißverschluss.

Nach der vierten Zigarette wird mir allmählich kalt. Der Sklave müsste jetzt auch erst mal genug haben, immerhin sind gerade drei Typen über ihn drübergerutscht.

»Los, zieh dich an, du Schlampe, wir müssen weiter.«

Ich bin wirklich total durchgefroren und freue mich jetzt auf einen Whiskey – und beschließe, zum »Bull« zu fahren, einer Homo-Bar mit riesigem Darkroom. Der Sklave kommt in den Kofferraum, kommt immer gut an. Ich mache noch einen ziemlichen Umweg, weil ich Hunger habe und am Mehringdamm im Curry 36 eine Currywurst essen möchte – das sind so mit die besten der Stadt. Ich lasse mir Zeit mit der Wurst, damit der Kunde auch was von meinem Kofferraum hat.

Die Typen in der Motzstraße, die gerade am Auto vorbeilaufen, als ich ihn wieder rausholen will, gucken zwar zu mir rüber, als ich den Kofferraum aufmache, aber sie gucken eben auch so, als sei ihnen nichts Menschliches fremd. In dieser Gegend ist es ja nicht ungewöhnlich, wenn jemand seinen Freund an der Hundeleine spazieren führt. Hier ist das traditionelle Berliner Homoviertel, im Prinzip ein Ghetto, Mauer drum herum, und man hat sie alle.

Und das Bull ist hier einer der Stammläden schlechthin. Als wir reinkommen, erkenne ich gleich zwei Bekannte an der Bar.

»Hey, Jungs, alles klar bei euch?«

Sie wundern sich gar nicht erst, dass sich der Sklave neben mir auf den Fußboden kauern muss, sie wissen ja, was ich beruflich mache. Nach einem Whiskey-Cola, der Sklave bekommt erst mal nichts, spreche ich den ältesten, hässlichsten Typen an, den ich finden kann, und frage ihn, ob er Lust hat, meinen Sklaven für fünf Euro zu seiner Verfügung zu haben. Der Typ ist so besoffen, dass er gleich zusagt. Ich schubse den Sklaven in Richtung Darkroom, und als wir unten im Keller angelangt sind, drücke ich ihn in eine Ecke »auf die Knie«. Der hässliche Typ ist uns gefolgt und wartet.

»Wenn du fertig bist, kommst du mit der Kohle, ich stehe an der Bar, alles klar?«, sage ich ihm und lass die beiden allein.

Ich meine, das hätte ja auch schiefgehen können, aber bislang ist wirklich alles glattgegangen. Was, wenn im Tiergarten noch nichts los gewesen wäre? Was, wenn ich nicht auf diesen besoffenen Wahnsinnigen getroffen wäre? Aber jetzt gehen mir langsam die Ideen aus, ich muss Unterstützung anfordern – und rufe Sergej an.

»Sergej, wie sieht's aus, hast du gerade Zeit und Bock? Ja? Ich habe hier einen Sklaven, der von einem Hetero benutzt werden will, übernimmst du das? Pornokino im Wedding, Ecke Müller – in einer Stunde?«

Ja, klappt, Sergej hat Zeit. Das Honorar für Sergej schlage ich dem Sklaven auf die Rechnung und zahle ihn später aus – und dieses Mal werde ich ihn nicht vergessen. Ich bin froh, dass er mir überhaupt noch vertraut und mitmacht.

Als der Betrunkene mit dem Sklaven aus dem Keller kommt, veranstalte ich die fette Zuhälternummer.

»Alles klar gelaufen, Alter? Warst du zufrieden mit der Ware?«

Er drückt mir die schäbigen fünf Euro in die Hand, während der Sklave mit gesenktem Blick daneben steht. Er hat genau das, was er will. Er ist ein Ding und wird von mir so behandelt. Ich spreche überhaupt nicht mit ihm, außer in Befehlsform.

»Weiter geht's, beweg deinen fetten Arsch.«

Er muss wieder in den Kofferraum – »ich habe keinen Bock, dich Drecksbolzen auf meinen Sitzen zu haben« –, und ich fahre in den Wedding. Nicht ohne darauf zu achten, möglichst unsanft in die Kurven zu fahren und an mancher Ampel möglichst heftig zu bremsen. Ich muss an einen uralten, bescheuerten Werbeslogan der Avis-Autovermietung denken: »We try harder.« Genau.

Das Pornokino liegt an einer Kreuzung, die Eingangstür ist mit einer Art Decke abgehängt, und es ist eklig, diese berühren zu müssen, wenn man in den Laden will. Ein kauziger Typ sitzt an der Kasse und bewacht den Hetero-Sex-Shop mit seinen Dildos und Pornoheften. Ich löse zwei Karten für das Pornokino mit Hetero-Programm. Ein gutes, altes Pornokino. Eigentlich müssten die Dinger längst ausgestorben sein, schließlich hat zu Hause jeder einen DVD-Player. Aber die Pornokinos laufen immer noch. Im Saal sitzen ein paar ältere Typen, Prolls mit Bierdosen, die keine Lust haben, zu Hause alleine vor der Glotze zu hocken. Familienväter, die zu Hause keine Privatsphäre haben und hierherkommen, um sich diskret einen runterzuholen – oder sich von einem der Schwulen einen blasen zu lassen.

Kollege ist auch schon da. Und fällt ganz schön auf. Jung, gutaussehend. Ich schicke meinen Sklaven aufs Klo und sage ihm, dass er sich auf den dreckigen Fußboden hocken soll.

Ich gehe zu Sergej und gebe ihm ein Zeichen. Dann habe ich erst mal Pause. Ich setze mich in einen der abgewetzten Kinosessel, in eine leere Reihe, rauche eine und schaue auf die Leinwand. Dort wird gerade eine Blondine vergewaltigt. Im Hintergrund rumpelt der Getränkeautomat, ein Opa zieht sich noch eine Dose Berliner Kindl. Und ich werde langsam müde.

Endlich höre ich die Eingangstür klappern. Sergej ist nach getaner Arbeit einfach gegangen – mein Sklave sieht irgendwie leicht lädiert aus. Ich muss Sergej morgen unbedingt fragen, was er mit ihm angestellt hat.

Und da ich jetzt wirklich keine Lust mehr auf anstrengende Nummern habe, muss ich krampfhaft überlegen, wo ich den nächsten Nachtschuppen mit einer Sling finden kann, einer Art Schaukel für Erwachsene. Die besteht meist aus einer Lederplane, die mit Ketten an der Decke befestigt ist. Wer »geschaukelt« werden möchte, legt sich hinein und lässt sich »anschieben«, konkret: ordentlich durchvögeln. Beliebt ist die Sling in Darkrooms bei leidenschaftlich Passiven, die sich mitunter wahllos von jedem, der möchte, penetrieren lassen. Was für mich jetzt bedeutet, dass ich keinen Stress habe, denn irgendjemand findet sich schon, der Lust auf Anschieben hat. Der Sklave ist schon im Kofferraum, aber wohin soll ich jetzt mit ihm? Mir fällt einmal mehr auf, dass ich mich in diesen Fickläden gar nicht wirklich auskenne. Ich gehe dort nie privat hin. Ich war auch noch nie auf einer dieser großen Sexpartys. Ich finde das, glaube ich, langweilig.

Auf gut Glück fahre ich in die Greifbar in Prenzlauer Berg, einfach, weil es der Nachbarbezirk ist und ich die Greifbar kenne, weil ich dort schon mal mit Freunden war, um etwas zu trinken. Und ja! Dort gibt es einen Sling, ganz in der hintersten Ecke des Darkrooms, der hier nicht im Keller ist, sondern im hinteren Bereich der Kneipe neben den Toiletten. Der Sklave wird einfach im Sling geparkt und muss sich durchorgeln lassen. Und ich gehe schön an die Bar, um mich zu betrinken. So macht der Job doch Spaß. Always look on the bright side of life.

17 Ohne Ständer im Kempinski

Am nächsten Tag geht es gleich munter weiter mit dem Geschäft. Wieder mal ein Geburtstagskind, das sich zum Vierzigsten so richtig was gönnen möchte. Der Kunde hat gleich fünf Escorts auf einmal in seine Suite im Kempinski bestellt, darunter mich als »Aktiven«. Das Geburtstagskind ist auch »aktiv«, drei der anderen Typen sind es ebenfalls. Das heißt also, dass es in dieser Minibus-Reisegruppe nur einen »Passiven« gibt. Und da bin ich ja mal gespannt, wer das bitte sein soll. Und ob das nicht vielleicht ein bisschen knapp kalkuliert ist für eine Orgie. Ist aber eigentlich nicht mein Problem.

Als ich in der Kempinski-Suite ankomme, bin ich der erste. Und denke mir gleich meinen Teil, als das Geburtstagskind die Tür öffnet. Aktiv, schon recht. Eine Tunte vor dem Herrn. Sieht aus wie ein degenerierter Landadeliger, hört sich so an wie Hape Kerkeling während seines Sketches »Schwule im Café«, den ich nicht wirklich lustig, sondern eher unheimlich finde. Weil es diese Typen wirklich gibt. Auf dem Tisch steht eine Flasche Veuve Clicquot, und die nehme ich mir gleich mal zur Brust, das hält ja sonst kein Schwein aus. Na, dann Prost!

Zum Glück klopft es schon recht bald an der Tür, die Herren

Kollegen trudeln ein. Die aktiven. Einer kommt mit einem MCM-Köfferchen. Der andere steckt sich erst mal eine Slim-Line-Zigarette an und hält sie, als ob er bei einem Transvestiten-Contest aufzutreten beabsichtigt. Wer ist denn jetzt hier bitte der Passive? Ich habe in meinem Leben noch keine Flasche Champagner so schnell geleert wie heute. Das ist ja nicht auszuhalten! Das ist einfach so absurd, und jetzt fangen die auch noch tatsächlich an, übereinander herzufallen.

In dieser fast schon unangenehm geschmackvoll eingerichteten Hotelsuite, inmitten von kunstvoll auf Beistelltischen drapierten Lampen, schweren Vorhängen und Luxusplunder. Ein Aktiver kniet vor dem nächsten im plüschigen Teppich und müht sich, dessen Schwanz hochzublasen. Das Geburtstagskind schraubt an dem anderen Aktiven herum und versucht, dessen Gürtelschnalle aufzubekommen. Stellt MCM auch Gürtel her? Der Champagner ist auch alle, und mir ist schlecht, weil ich wieder nichts gegessen habe. Bei der Vorstellung, mich in dieses merkwürdige Ensemble zu integrieren, wird mir ganz anders. Und außerdem habe ich gerade das Gefühl, dass ich mindestens eine ganze Schachtel Viagra fressen müsste, um überhaupt ansatzweise einen hochzubekommen. Wenn ich nicht jeden Morgen eine Morgenlatte hätte, müsste ich mir jetzt langsam Sorgen machen, ob ich vielleicht Prostatakrebs habe.

Als das Geburtstagskind kurz ins Bad geht, um nach dem Koks zu suchen, nehme ich es zur Seite und erkläre, dass ich sein billiges Zeug leider nicht vertragen habe und jetzt echt übel draufgekommen sei. Er gibt mir die Hälfte des Honorars, und ich verschwinde einfach.

Ich fahre durch die Gegend, sinnlos, fahre in Richtung Ostberlin, weg vom Ku'damm, irgendwo anders hin. Ich stelle das Auto irgendwo ab und lande in einem Irish Pub an der Friedrichstraße. Den kenne ich noch von früher, als hier immer die englischen und irischen Bauarbeiter von den vielen Nachwende-Bauprojekten im Osten abhingen. Heute arbeiten die anscheinend in anderen Ländern, im Pub gibt es keine Engländer außer hinter dem Tresen, in der Ecke hängt eine amerikanische Reisegruppe betont lässig in der Sitzbank und schwadroniert. Als ich vor die Tür gehe, um eine zu rauchen, kommt eine ganze Busladung mit britischen Sauftouristen an mir vorbei. Die kommen extra mit easyJet, um sich in Berlin-Mitte viehisch zu besaufen, weil das Bier für sie hier so billig ist – auch wenn das Pfund gegenüber dem Euro schwach geworden ist. Und dann fliegen sie wieder nach Hause und gehen zur Arbeit.

»Es gibt kein richtiges Leben im falschen«, den Spruch hat mir mal ein Kunde gesteckt. Ich weiß nicht, von wem er stammt, aber er geht mir nicht aus dem Kopf.

Ein junges Hippie-Mädchen kommt vorbei und schnorrt eine Zigarette von mir, sie ist mit ihrem Freund unterwegs, sie scheinen frisch verliebt zu sein. Sie ist blond und jung und strahlt über das ganze Gesicht. Sie schenkt mir eine kleine gelbe Blume als Dank für die Zigarette. Eine Straßenecke weiter stehen die Nutten auf der Oranienburger Straße in ihren weißen Plastikstiefeln und lassen sich von den Sauftouristen und den jungen Verliebten bestaunen. Manche werden sich vielleicht über ihre Stiefel amüsieren, aber erst wenn sie an ihnen vorbei sind, hinter vorgehaltener Hand. Sie werden lachen, weil sie ein wenig peinlich berührt sind, nicht weil sie die Frauen mit den weißen Stiefeln prinzipiell verachten. Sie werden lachen, weil sie unsicher sind und ihnen diese Welt fremd scheint, exotisch.

Ich würde gerne mal wieder mit einer Frau schlafen. Ich hätte gerne mal wieder einen Freund, mit dem ich einfach aus

Zuneigung und Spaß schlafe. Und ich habe manchmal ein bisschen Angst, dass ich so jemanden gar nicht finden kann. Ich habe Angst, dass mich diese Menschen, die ich toll und begehrenswert und interessant finde, ablehnen, wenn sie erfahren, was ich mache. Aber andererseits: Wenn sie das nicht verstehen oder nachvollziehen können oder mich deshalb ablehnen, dann sind das eben womöglich gar keinen tollen, interessanten Menschen.

Einer der Barkeeper kommt heraus auf eine Zigarette. Er ist noch sehr jung, und ich versuche, mich mit ihm auf Englisch zu unterhalten, was ja am Ende doch auch immer geht. Man versteht sich, wenn man es möchte, so wie die Bauarbeiter, die aus aller Herren Länder auf den Baustellen Berlins zusammenkommen und sich auch irgendwie verständigen müssen. Wir sind schließlich alle Menschen, und das geht dann schon. Ian arbeitet seit einem halben Jahr in diesem Pub und kommt aus London. Er wollte mal raus aus London und etwas anderes erleben, Berlin findet er »exiting«. Und da hat sexy Ian auch recht. Ich rufe noch einen Kumpel an und verabrede mich auf ein paar späte Drinks. Und danach möchte ich einfach nur tanzen gehen. Man lebt schließlich nur einmal. Da muss man aktiv bleiben.

18 Im Bett mit Onkel Horst

Heute geht es nach Sachsen – da war ich noch nie so richtig, wenn man von Leipzig absieht. Verrückt, denn so weit ist das nicht von Berlin aus. Auf dem Weg zum Bahnhof habe ich noch einen Kunden, den ich vor der Fahrt abfertigen kann, in einem kleinen Hotel in der Knesebeckstraße. Ein uralter Kasten, dem man ansieht, dass er eigentlich mal ein Mietshaus war in einem früheren Leben. Als ich dem winzigen Fahrstuhl, quasi einer Brotbüchse, entsteige, finde ich erst mal das Zimmer nicht, weil alles auf der Etage seltsam verschachtelt wirkt. Ein merkwürdiges Labyrinth mit bizarren Möbeln aus verschiedenen Epochen Nachkriegsdeutschlands, dunkelbraune Kunstleder-Couchgarnituren, verchromte Rauchglastischchen und Troddel-behangene Stehlampen. Und der Typ, der mir seine Hotelzimmertür öffnet, passt auch ganz gut hier rein. Das macht aber weiter nichts, denn dieses Date ist für mich wirklich nicht aufwendig. Er gibt mir gleich zu Anfang das Geld in einem Umschlag und liegt dann auch schon, ohne größeres Bla-Bla, vor mir auf dem beigen Hotelteppichboden, um genüsslich an meinen silberweißen Sneakers herumzulecken, während er sich einen schrubbt. Ich finde solche Termine einfach perfekt.

Man hat keinen Stress, und hinterher sind auch noch die Schuhe schön sauber.

Am Bahnhof habe ich noch Wartezeit, bis der Intercity abfährt, und gehe erst mal schön shoppen. Ich kaufe mir im Virgin-Record-Store zwei CDs, in der Drogerie ein Duschgel mit Melone und bei Starbucks eine Latte Grande plus Schoko-Muffin für die Fahrt. Dann noch einen Stapel Zeitschriften, und schon kann die Reise losgehen. Ich mag ja die ollen Intercitys ganz gerne, schön mit Federkernsesseln, Zug fahren eben. Im ICE dagegen wacht man ja manchmal auf und denkt, man ist gerade im Billigflieger nach Mallorca. Im Zugabteil um mich herum versammeln sich die übrigen Reise-Autisten und rascheln manisch mit der Zeitung herum, bauen ihre Notebooks auf, um DVDs zu gucken, friemeln sich iPod-Stöpsel in ihre Ohren.

Ich unterhalte mich ja lieber, und manchmal mache ich mir einen Spaß daraus, die Leute einfach aus dieser merkwürdigen »Ich bin hier ganz für mich«-Haltung zu reißen, indem ich sie einfach anquatsche. Mich ärgert das manchmal richtig, die Leute verstellen sich doch alle. Sitzen auf engstem Raum zusammen und tun so, als ob alle anderen Luft wären. Manchmal stelle ich mir dann die einzelnen Damen und Herren nackt vor und versuche mir vorzustellen, wie sie sexuell so drauf sind. Und lache mir einen Ast.

Die Idee, einfach mal so nach Sachsen zu fahren, finde ich gut. Der Kunde hatte mich schon des öfteren angeschrieben, ob ich nicht mal Lust hätte, über das Wochenende zu ihm zu kommen, aber ich hatte bislang keine rechte Lust. Man muss da auch auf seinen Bauch hören, und der hatte mir bei seiner letzten Mail gesagt: Fahr doch einfach mal hin.

Wenn man nicht gerade mit zweihundert Sachen auf der Transitstrecke durch die neuen Bundesländer rast, merkt man recht schnell, dass sich das touristisch wirklich lohnen kann. Sachsen, prima Landschaft und prima Backwaren, wie man so hört. Vom Intercity aus betrachtet: Das mit der Landschaft stimmt. Und am Bahnhof werde ich schon erwartet, was ich ziemlich charmant finde. Der Kunde ist extra, wie verabredet, zum Bahnhof gekommen, um mich abzuholen. Er reicht mir zur Begrüßung die Hand und lacht mich schnauzbärtig an, ein netter Typ. Schon älter, aber angenehm, gepflegt. Beruhigend. Er hat direkt vor dem Bahnhof geparkt, und wir kutschieren los in Richtung der Kleinstadt, in der er und sein Freund ihr Haus haben – er dreht die Anlage auf: Schlagerinferno. Na, das kann ja heiter werden, im wahrsten Sinne des Wortes. Und es fängt schon mit der Kleinstadt an – ein Fachwerk-Disneyland vom Feinsten, schönstes teutonisches Idyll inmitten der Provinz. Alles sauber geleckt und blank geputzt, alles hübsch und putzig wie auf einem Biedermeierbildchen. Und zugleich habe ich gleich den Eindruck, als ob hier überall Geister sind, Geister aus den vielen Jahrhunderten, die diese kleine Stadt schon besteht.

Und dann seine Hütte: ein total schönes, saniertes Fachwerkhaus inmitten dieser winzigen, mit Häusern vollgequetschten Straßen. Auch von innen kann man überall die Balken sehen, toll. Aber die Einrichtung, mein lieber Mann. Ich glaube, da nehmen die Geister aber Reißaus bei so viel Mut zur Schrankwand – mir muss es ja auch nicht gefallen. Dafür hat der Mensch Sinn für Gemütlichkeit, denn auf dem Herd steht schon das Abendessen! Es gibt Gulasch – wie versprochen! – mit Klößen und Blaukraut, dazu gibt es Rotwein.

Ich komme mir vor, als sei ich auf Besuch bei Onkel Horst. Ich habe gar keinen Onkel Horst, aber dieser Typ hier, er heißt Ernst, ist vom Typ her so ein netter Onkel Horst, der immer was zu erzählen hat, Schwänke aus seiner Jugend, Ansichten zur aktuellen Wahlperiode, das Wetter. Und zum Schlager an sich: Er und sein Freund veranstalten Konzerte in der ostdeutschen Provinz. Mit Knallern wie Karel Gott und Juliane Werding und dem halben MDR-Schlagerparadies, Ostsänger und Schlagersternchen, von denen ich noch nie zuvor gehört habe und die er und sein Freund alle persönlich kennen und durch Ostdeutschlands Turnhallen und Gemeindehallen jagen. Was anscheinend genug Geld bringt – denn er erzählt auch, dass er und sein Freund sich regelmäßig Escorts kommen lassen.

»Wenn ich in die Szene gehe, bekomme ich doch sowieso nicht, was mir gefällt, dann zahle ich lieber genau dafür, was mir gefällt«, sagt er und berührt meine Hand.

Sein Freund ist gerade auf Reisen, irgendwo mit Mary Roos oder einem anderen Schlagersternchen in einer Turnhalle. Altes Schlitzohr. Ich necke ihn ein bisschen.

»Ach, und dein Mann denkt, du sitzt zu Hause und ordnest die Plattensammlung, oder was?«

Aber seine Geschichte, die er dann erzählt, klingt nicht so, als ob ich nervös sein müsste im Sinne von: Was, wenn der Gemahl überraschend zurückkommt? Ich meine, ich habe ja auch keine Lust, die Nacht im Kleiderschrank zu verbringen. Und auch keine Lust auf eine hysterische Szene mit fliegenden Vasen. So stelle ich mir das zumindest vor, das würde nämlich passen. Zu der Einrichtung, zu der Kleinstadt, zu Karel Gott, zu dieser ganzen merkwürdigen Kleinbürgerlichkeit, die zumindest auf den ersten Blick so gar nicht zu dem Bild passen will, das man von einem schwulen Paar hat, so allgemein. Nicht, dass ich nicht wüsste, was es da alles gibt an Varianten, aber wenn ein Außenstehender in diese gemütliche Rotweinszene platzen würde, der käme doch nie auf die Idee, dass ich mit Onkel Horst demnächst im Schlafzimmer verschwinde, um ihn in den Arsch zu ficken. Nie im Leben!

Als wir es dann im Ehebett miteinander treiben, muss ich daran denken, wie viele Kollegen von mir wohl schon hier gewesen sind. Ob er die noch zählen kann? Ob er ihre Namen noch weiß? Das muss doch seltsam sein, wenn das eigene Sexualleben hauptsächlich daraus besteht, dass man mit Leuten schläft, die man dafür bezahlen muss. Aber vielleicht ist das für ihn auch gar kein Problem. Er hat Geld und setzt es dafür ein, seine Bedürfnisse zu befriedigen, so wie man Brot einkauft und guten Wein.

Nach dem Fick frage ich ihn einfach mal danach. Wir trinken noch mehr von dem leckeren, schweren Rotwein. Und er erzählt mir, dass er schon ewig mit seinem Freund zusammen ist und gerne mit ihm zusammen alt werden möchte. Dass er ihn liebt. Es ist sein Lebensgefährte, und wenn sie nicht schon früh damit angefangen hätten, sich eine Regelung für ihr Sexualleben auszudenken, »dann wären wir vielleicht gar nicht mehr zusammen«, erzählt er. Das machen viele schwule Paare so. Einige leben tatsächlich in Treue, andere tun so und bescheißen einander regelmäßig, aber viele haben eine offene Partnerschaft. Diese beiden hier, Onkel Horst und sein Partner, kaufen sich auch oft gemeinsam einen Stricher oder Escort, der dann sozusagen auf der Besucherritze nächtigt, manche von ihnen blieben sogar länger, Familienanschluss. Schräg ist das ja nur, wenn man sich dazu dieses ganze Schlagersülze von der ewigen Liebe und Treue vorstellt. Aber andererseits halten sich die beiden auf ihre Art und Weise daran. Sie bleiben zusammen und lieben sich. Warum denn nicht? Es gibt so wenig Liebe auf der Welt. Ein Satz wie aus einem Schlager, da muss ich gleich schon wieder lachen.

Beim Einschlafen – ich muss ja nicht auf die Besucherritze, denn der Gemahl ist ja nicht da – sage ich noch mal kurz den umherfliegenden Geistern gute Nacht, anstatt Schäfchen zu zählen. Und dank des schweren Rotweins schlafe ich sogar recht bald ein. Das ist nämlich eigentlich ein Horror für mich: Ich kann oft nicht einschlafen, wenn ich bei jemand Fremdem bin. Und wenn ich endlich schlafe, wache ich bei dem kleinsten Geräusch wieder auf. Am nächsten Morgen bin ich in der Regel total fertig.

Nicht so bei diesem Ausflug. Als ich aufwache, riecht es nach gebratenem Speck, Onkel Horst hat Rühreier gemacht. Eine Kanne mit Filterkaffee steht schon auf dem hübsch gedeckten Frühstückstisch, alles ist wie bei Onkel Horst und Tante Käthe, gemütlich. Familiär. Ich mag das und lange ordentlich zu.

Bei der Rückfahrt döse ich in meinem Federkernsessel vor mich hin und komme ins Grübeln. Wie mein Leben wohl aussieht, wenn ich fünfzig bin? Oder älter? Was wäre schlecht daran, dann ein eigenes Haus zu haben, irgendwie sein Ding zu machen und davon leben zu können. Jetzt bin ich dreißig, und mir schwant, dass alles auch eine Frage der Zeit, des Lebensabschnitts ist. Wenn man so lebt wie ich, immer in den Tag hinein, wenn man sein Geld mit Sex verdient wie ich, dann ist das eine ganze Zeitlang völlig in Ordnung. Das ist eigentlich ein Lebenswandel, wie ihn junge Menschen führen wollen. Man möchte unabhängig sein, man möchte sich nicht festlegen. Und natürlich braucht man auch ein bisschen Geld dazu – aber nicht um des Geldes willen. Geld versteht man lediglich als ein notwendiges Ding, das einem Abenteuer und Spaß ermöglicht. Ich ahne jedoch, dass diese Zeit des Vagabundenlebens auch dazu gedacht ist, ein Fundament zu bilden, auf dem man etwas aufbauen kann. Den Rest der Fahrt kreisen meine Gedanken nur noch um zwei Fragen: Was ist das Fundament? Und was soll ich darauf bauen?

19 Gehen Sie direkt auf Los

Ich bin heute zum Spielabend verabredet. Monopoly. Vorher fahre ich noch rasch beim Viagra-Händler meines Vertrauens vorbei, um für das Date heute Abend einzukaufen. Das ist aus meiner Sicht auch eine neue Entwicklung, der Trend geht zum Kombipaket, das heißt, der Escort bringt die zum Sex benötigten Hilfsmittelchen gleich mit. Ich bin ja nun schon seit Ewigkeiten kein Dealer mehr und lege auch Wert darauf, nicht mehr in dieser Branche tätig zu sein. Aber natürlich läuft das Ganze darauf hinaus, dass ich am Ende mit konsumiere, alleine macht es ja auch nicht wirklich Spaß. Allerdings: Wenn ich nicht aufpasse, geht es mir am Ende wie einem Kneipenwirt, der im Laufe der Zeit zu seinem besten Kunden wird. Die Kolleginnen im Puff tun oft nur so, als ob sie ihren billigen Animationssekt trinken. Aber was soll man machen – Backpulver schniefen?

Der Dealer meines Vertrauens wohnt in der Nähe von »Bonnies Ranch«, so nennt man in Berlin die Karl-Bonhoeffer-Nervenklinik, und als ich das Hinweisschild am Straßenrand sehe, kommen blitzartig Erinnerungen an frühere Grenzerfahrungen – und -überschreitungen – in mir hoch. Erinnerungen an bestimmte Momente, die mich zum Nachdenken gebracht haben, gerade zur rechten Zeit womöglich. Ein Innehalten, ein Umdenken, das bislang stets verhindert hat, dass ich mir das Innere von Bonnies Ranch anschauen musste. Man kann jede Entgrenzung eine Zeitlang aushalten, das kann sogar eine Menge Spaß machen und einen weiterbringen im Leben, weil es den Blick verändert. Aber es ist auch so eine Sache mit den »Pforten der Wahrnehmung«, man kann sich in diesem Labyrinth aus Verzerrung, Verfremdung, Paranoia, Hochgefühl und Depression auch verlaufen. Dabei würde es manchmal schon reichen, wenn man das Leben tatsächlich mit allen Sinnen erfassen würde. Es ist schon eine Ewigkeit her, da hatte mich mal der Inhaber eines sogenannten Dunkelrestaurants gebucht. Ob, wie und wann ich mit ihm geschlafen habe, weiß ich gar nicht mehr, aber ich erinnere mich, dass er mich einen Abend in sein Restaurant eingeladen hatte. Alles war, wie der Name sagt, komplett dunkel in dem Raum. Man konnte hören, wie die Leute mit dem Besteck klapperten, schmatzten, miteinander sprachen. Ich weiß noch, dass ich den Geruch der Speisen viel deutlicher wahrnahm, als es sonst der Fall gewesen wäre in einem beleuchteten Raum, wo man sich die Leute anschaut, die Dekoration. Die anderen Sinne – das Riechen, Hören und Schmecken – werden so sehr überlagert von dem, was wir sehen.

Und als ich dann im Dunkeln dort saß und mein Essen kam, spießte ich etwas Längliches, Semiweiches auf und kaute darauf herum. Ich wusste nicht, worauf ich eigentlich herumkaute. Das war wirklich merkwürdig, und erst hinterher erklärte mir mein Gastgeber, dass es sich dabei um grüne Bohnen gehandelt habe. Ganz normale grüne Bohnen – und ich konnte das nicht schmecken! Das hat mir damals zu denken gegeben, ich habe nach dem Abend begriffen, dass ich meine

Sinne schärfen muss, mich nicht auf Oberflächlichkeiten einlassen darf. Heute kommt mir das, denke ich, zugute.

Das Verrückte ist eben, dass ich eigentlich mit Oberflächen mein Geld verdiene, die Leute buchen mich, weil ich ihnen eine solche verkaufe, und damit meine ich nicht nur meinen Körper. Es ist ein Gesamtkonzept, das zum einen sehr stark auf Visualität beruht – also auf gutem Aussehen, entsprechender Kleidung und dem Auftreten, das – je nach Kundenwunsch – inszeniert ist. Aber ich selbst bleibe bei all diesen Begegnungen natürlich ich selbst. Ich setze meine Sensibilität ein, egal ob ich brutal agiere oder zärtlich – und das funktioniert alles überhaupt nur, weil ich irgendwann gelernt habe, all meine Sinne einzusetzen und mich nicht nur auf meine Augen zu verlassen.

An jenem Abend waren wir nach dem Essen im Dunkelrestaurant noch in einem Stricherladen in der Lietzenburger Straße, und ich hatte so viel getrunken und eingeworfen, dass ich mitten auf der Tanzfläche kotzen musste. Das war für mich ein Wendepunkt, ich hatte mich dermaßen geschämt. Ich war an einem Punkt angelangt, an dem ich die Linie überschritten hatte. Und dann muss man eben einen Schritt zurücktreten und wieder zur Besinnung kommen, sich erden, denn sonst dreht man durch. Am besten geht man dann mal mit Freunden zum Bowling oder macht die Wohnung sauber. Solche Dinge: Füße still halten.

Nun muss ich aber schleunigst zu meinem Monopoly-Date. Den Typen kenne ich schon von einem vorherigen Date, er steht, wenn es nach ihm geht, auf wirklich extreme Sachen, bei denen ich zum Teil einfach nicht mitgehe. Er mag es zum Beispiel, wenn man ihm in den Mund kotzt, aber das ist mir einen Dreh zu viel. Wenn er scharf darauf ist, kann ich gerne seinen Mund als Aschenbecher benutzen. Man muss irgendwie einen Kompromiss finden, wenn man solche Kunden halten will, aber nicht auf jeden abgedrehten Mist eingehen möchte. Und wenn er Monopoly spielen möchte, dann spiele ich eben mit – auch wenn die Regeln ein wenig modifiziert werden müssen.

Mein Spielabendpartner hat wirklich eine geile Wohnung. Dachgeschoss, alles ein großer Raum ohne Zwischenwände, ein offener Kamin, eine weiße Sitzgruppe, ein Flügel. Eine wunderschöne Wohnung, auch wenn man sich, wenn man dort sitzt, recht schnell fragt, ob man in ihr wirklich *wohnen* möchte. Es wirkt im Ganzen eher so, als ob es sich um eine *Schöner Wohnen*-Inszenierung handelt. Der Typ ist Single, träumt davon, sich in den Mund kotzen zu lassen, und wirkt auch ansonsten ein wenig verloren in seinem Zweihundert-Quadratmeter-Traum. Das gibt doch womöglich zu denken, dass genau die Leute, die ständig genau ihren Stiefel durchziehen und alles bekommen, was sie sich wünschen – und sei es eine Stereoanlage, die von der Leistung her einen riesigen Club beschallen könnte – sich nach Führung, Erniedrigung und Demütigung sehnen.

Die Spielregeln sind entsprechend bizarr. Wenn er die Miete nicht zahlen kann, wenn er auf mein Feld kommt, pisse ich in ein Glas, und er muss davon trinken. Wenn ich umgekehrt in die Bredouille komme, muss ich eine seiner Fetisch-Lederhosen anziehen, damit er sich an dem Anblick aufgeilen kann – was ich nun wieder nicht nachvollziehen kann, weil seine Hosen an meinen schlanken Beinen eher lächerlich wirken. Das Problem ist, dass ich viel besser aufgestellt bin, viel mehr Straßen habe, Häuser und Hotels. Ich muss mir also ständig neue Sachen ausdenken – und ich kann ihn ja nicht immer nur Pisse trinken lassen, das wird irgendwann langweilig.

Man ahnt übrigens nicht, wie lange so ein Monopoly-Spieldurchgang dauern kann, wenn zwei vollgeknallte Leutchen in einem Raum sitzen: Penetration mit einem Dildo, Penetration mit Kerze, Penetration mit meinem Schwanz. Er muss die Toilettenschüssel sauber lecken, was aber nicht wirklich der Kick ist, weil heute seine Putzfrau da war. Schläge auf den Hodensack, schmerzhaftes Abbinden des Hodensacks. Aschen in den Mund, kurzes Anglimmen seines Oberschenkels mit der Glut. Urinstrahl auf Gesicht, Arsch und Genitalien. Mundfick. Rachenfick – »Deep Throat«. Spontanes Fisting. Noch mal die Sandwich-mit-Seife-essen-Nummer. Ja nun: Irgendwann ist das Repertoire ausgeschöpft.

Ich habe das Spiel jedenfalls gewonnen, und als ich unten vor der Tür auf die Uhr schaue, stelle ich fest, dass ich geschlagene zehn Stunden mit diesem Menschen verbracht habe. Zehn Stunden! Sage mir noch einer, ich mache meinen Job schlecht. Das mache ich eben gut – wie im Spiel.

20 Drive-in-Sex

Es wäre doch recht schön, wenn der Winter einmal vorbeiginge, nicht mal das Tropical Island vermag mich bis zum nächsten Sommer zu trösten. Ich war gestern noch mal dort, alleine, aber alles kam mir fade und langweilig vor wie in einem Hallenbad mit Plastikpalmen an einem verregneten Sonntagnachmittag. Da hätte ich auch gleich in die Thermen am Europa-Center fahren können, eine Sauna mitten im Berliner Zentrum. Man kann dort auf dem Dach in einem Pool schwimmen, während einem die Bewohner des gegenüberliegenden Hochhauses dabei zuschauen dürfen. Auch so ein seltsamer Ort – wenngleich nicht so seltsam wie der Treffpunkt, an dem ich heute Abend mit einem Kunden verabredet bin, nämlich an einem Autobahnrastplatz.

Sex in freier Natur, aber gut verkehrsangebunden, das erinnert mich an den Bernsteinsee bei Velten, einem kleinen Ort vor den Toren Berlins. Aber dafür ist es jetzt noch zu kalt. Letztes Jahr im Spätsommer hatte ich dort ein »Outdoor«-Date mit einem Kunden. Der Bernsteinsee ist auch eine Art Tropical Island, total künstlich, wenn auch ohne Cargo-Lifter-Halle. Ein Stausee (schätze ich), der genau an einer *Autobahn* liegt, davor ein bewachter Parkplatz. Der Typ hatte mir gesagt, dass ich einmal um den ganzen See herum müsse bis ans Ende des Weges, zur FKK-Wiese, dann dem Trampelpfad folgen, bis ich auf ihn und sein violettes Handtuch träfe. Violettes Handtuch, du liebe Güte. Das war von Anfang an schon so schräg, dass ich neugierig geworden war. Als ich dann an dem See entlangmarschierte, wurde dieser Eindruck bestätigt.

Ich bin zwar Berliner, aber ich dachte nur: Genau, so stellen sich die Berliner Natur vor, mit Autobahnanschluss, Würstchenbude und Schultheiß-Ausschank. Und natürlich Spaßbetrieb: Mitten in dem kleinen See ist eine Wasserskianlage, was bedeutet, dass die Jugend Berlin-Brandenburgs an einem vorbeizieht wie Sushi in einer Bar mit Fließbandrondell. Man muss sich das vorstellen wie eine Art Skischlepplift ohne Schnee. Auf jeden Fall sieht es total bescheuert aus.

Und auch ansonsten schien jeder dort auf seine Kosten zu kommen: Ich passierte erst den Hundestrand, dann den Beachvolleyball-Strand, den Familienstrand, den Kinderstrand, den Strand für junge Paare unter 25 – die älteren haben wohl einen Wohnwagen am gegenüberliegenden Campingstrand, schließlich kam ich zum FKK-Strand für Heteros, und als ich den FKK-Strand für Schwule erreichte, ging mir schon langsam die Puste aus, Wandern ist auch nicht so mein Ding.

Ganz am Ende, im Eckchen natürlich mal wieder, haben sich die Homos ihr Plätzchen gesucht. Ich sah es gleich an der Männerdichte, dem vielen glattrasierten, sonnenverbrutzelten Fleisch, den Piercings und den penetranten Blicken, als ich mich näherte. Hier lagen sie rum wie gestrandete Wale und warteten auf den nächsten Jungmann mit Waschbrettbauch, der auf Wasserskiern vorbeirauschen würde.

Aber die Reise ging noch weiter ins Gestrüpp, immer dem Trampelpfad nach, einem untrüglichen Anzeichen für ein

»Cruising-Gebiet«, ein Wildwechsel-Areal, einen informellen Treffpunkt, an dem sich Männer zum anonymen Sex treffen. Wer kommt schon auf die Idee, dass es an einem solchen Ort einen Treffpunkt für Outdoor-Sex gibt?

Als ich dem Trampelpfad weiter folgte, stieß ich irgendwann auf ein Sandfeld, gelegen in einem kleinen Wäldchen, wie eine plattgewalzte Stranddüne mitten im Wald. Und überall lagen Kerle in der Sonne, alte, junge, auch Pärchen. Gran Canaria für Arme, mitten darin: ein grau gewordener Seelöwe mit Goldkettchen auf einem violetten Handtuch. Da konnte ich mir auch langsam vorstellen, warum er mich ausgerechnet hierher bestellt hatte: Er wollte endlich einen dieser jungen, braungebrannten, schlanken Typen anfassen, die er sonst nur aus der Ferne auf ihren Wasserskiern anstarren konnte, unerreichbar.

Der Seelöwe ging voran, ich folgte auf dem Trampelpfad und konnte nicht wirklich glauben, was ich sah. Die FKK-Anhänger männlichen Geschlechts marschierten hier am helllichten Tag nackt durch den Wald, auf einer Strecke von fünfzig Metern genau an der Autobahn entlang, um in ein angrenzendes Waldstück zu gelangen – zumindest die Lkw-Fahrer dürften nicht schlecht staunen, wenn sie von ihren erhöhten Führerhäusern aus diesen Anblick geboten bekommen – aber denen ist wohl auch nichts fremd, dazu später.

In dem Waldstück suchten wir uns ein Eckchen hinter einem großen Holzstapel. Ich bin ja nun nicht schüchtern, aber ich fand es dann doch unangenehm, mitten im Wald rumzumachen, am helllichten Tag. Ich dachte daran, dass gleich der Oberförster vorbeikommen könnte oder eine Schulklasse auf Ausflug oder sonst wer. Der Seelöwe war kein Problem, er wollte ja nur endlich mal einen der begehrten Beach Boys berühren und ein bisschen an ihm herumlutschen, das war es dann schon. Wenn nur die verdammten Mücken nicht gewesen wären, diese Mistviecher. In Berlin gibt es zwar auch Stechmücken, aber ich glaube, die sind impotent oder so, die summen nur rum und stechen nicht. Was man von den Umland-Mücken nicht behaupten kann. Nach diesem Ausflug in die Natur hatte ich noch tagelang riesige, juckende Quaddeln auf der Haut. Also: Die Mücken zumindest waren original Natur.

Aber solche Unbill ist heute Abend nicht zu befürchten, im Winter gibt es keine Mücken, aber ich suche vorsichtshalber mal, wo meine Mütze und der Schal abgeblieben sind, man kann nie wissen. Ich muss zum Rasthof Waldeck und weiß einfach nicht, wo der nun genau sein soll – auch das Navi weiß heute ausnahmsweise keinen Rat, vielleicht habe ich den Namen falsch geschrieben? Rasthof Waldeck, dunkelblauer VW Sharan mit Kennzeichen TF für Teltow-Fläming, mehr weiß ich eigentlich nicht, außer dass wir uns dort um 22 Uhr treffen wollen.

Ich dachte mir zwar beim Dating, dass der Ort etwas merkwürdig ist, dafür klang der Typ jedoch unanstrengend, er wollte – wie der Seelöwe – nur blasen und sonst nichts, das ist entspannt, das macht keinen Stress, denn auch der letzte Klemmtyp, der von gutem Sex überhaupt keine Ahnung hat, bekommt es noch irgendwie hin, einen Schwanz zu blasen. Irgendwie, denn manchmal wundere ich mich wirklich, wie unsensibel und grob manche Herren dabei vorgehen. Das kann doch nicht so schwer sein?

Man muss sich doch nur vorstellen, wie man es selber gerne hätte. Vielleicht sollte man da mal eine vernünftige Bedienungsanleitung herausgeben. Leichten Unterdruck durch Saugen erzeugen, für ausreichende Bespeichelung sorgen, den empfindlichsten Punkt, die Stelle, an der dieses kleine Bändchen die Vorhaut »befestigt«, am Anfang nicht zu stark reizen – es handelt sich um die Klitoris des Mannes sozusagen –, die Erektion notfalls durch etwas Druck mit der Hand stabil halten, am Schluss für anhaltende, sich langsam steigernde Reizung sorgen. Klar, ein bisschen Konzentration ist da schon gefragt, auch ein wenig Sensibilität, aber auch bei dem Verklemmtesten wiederum merkt man in der Regel, wenn es so weit ist und er kurz vor dem Kommen ist, der Atem geht flacher, der Puls wird schneller, der Schwanz wird härter. Und immer schön darauf achten, dass man das gute Stück nicht mit den Zähnen beschädigt!

Aber was rede ich mir den Mund fusselig, manche Leute werden das wohl nie lernen. Bei verklemmten Familienvätern kann ich eine solche Unfähigkeit vielleicht noch verstehen, nicht jedoch bei erwachsenen Schwulen, das ist ja schon fast peinlich. Wobei ich sagen muss, dass es auch viele Frauen gibt, die von Tuten und Blasen absolut keine Ahnung haben – wenngleich bei ihnen die Entschuldigung gilt, dass sie es von alleine einfach nicht wissen können, sondern darauf angewiesen sind, von ihren Partnern unterwiesen zu werden.

Sex ist doch so was Schönes. Beruf hin oder her, ich mag Sex. Guten Sex. Und finde es prinzipiell traurig, wenn Leute diesen Teil des Lebens nicht ernst nehmen und ihn behandeln wie etwas Lästiges, das man wohl oder übel hinter sich bringen muss. Sex auf dem Autobahnrastplatz. Das ist doch Unsinn. Und als ich endlich den verdammten Sharan sehe – ich war erst auf der falschen Seite der Raststelle, musste also an der nächsten Abfahrt runter, auf der gegenüberliegenden Seite wieder auf die Autobahn rauf –, werden alle Klischees bestätigt. Auf dem Rücksitz des Sharans erkenne ich einen Kindersitz im Licht der einzigen, flackernden Straßenlaterne auf diesem Platz ganz am hinteren Ende der Raststätte. Vorne am Steuerrad sehe ich nur eine Zigarette aufglimmen, der Rest ist Dunkelheit. Auf dem Parkplatz stehen noch weitere Autos, drei bis vier, alle mit Kennzeichen aus Berlin und dem Umland. Da braucht man nicht viel Phantasie, um Bescheid zu wissen: Welchen Grund hätte ein Einheimischer, nachts auf einer Autobahnraststätte vor seiner Haustür Rast zu machen?

Ich schließe meinen Wagen ab und klopfe an die Scheibe des Beifahrersitzes; wenn schon Sex im Auto, dann wenigstens nicht in meinem, ich will keine Flecken auf dem Teppich. Er öffnet die Zentralverriegelung, und als ich einsteige, schlägt mir ein intensiver Mix aus Wunderbaum-Vanille und Zigarettenrauch entgegen, ich bekomme einen kurzen ersten Eindruck meines Gegenübers im vorübergehenden Licht der Innenraumbeleuchtung und blicke in unsichere, leicht verängstigte Augen hinter Brillengläsern.

Diese Augen sagen mir gleich, dass jetzt erst mal ein einleitendes, beruhigendes Gespräch gefragt ist, wenngleich mein ursprünglich vorgesehener Smalltalk recht schnell in ein semitherapeutisches Gespräch übergleitet, in dem er mir anvertraut, dass er seit nunmehr zwei Jahren Antidepressiva nimmt und sich nicht mal seinem Therapeuten gegenüber traut, die Wahrheit zu sagen. Es ist leichter, einem wildfremden Escort gegenüber offen zu sein, nachts, auf einem fast einsamen Parkplatz, gelegen an einer Autobahn. Ein anonymer Nichtort, an dem man eigentlich nicht existiert, an dem man seinen Hund anbindet, wenn er dem Thailand-Urlaub im Weg steht. Dort, wo man im Gebüsch alte Waschmaschinen und Altöl entsorgt oder flüchtigen, schnellen, anonymen Sex mit anderen Kerlen hat. Eine Art McDrive, kostenlos in der Regel, aber in meinem Fall läuft natürlich der Taxameter. Vielleicht hatte der Sharan-Daddy die Schnauze voll von übergewichtigen anderen Typen seiner Sorte – obwohl die für ein Gespräch eigentlich geeigneter wären als ich, weil sie womöglich die gleichen Erfahrungen teilen.

Was soll ich schon dazu sagen, wenn mir nachts ein Wildfremder erzählt, dass er seine Kinder nun mal liebhat und nicht verlieren möchte, dass er ein Haus gebaut hat, das er noch fünfundzwanzig Jahre lang abbezahlen muss, dass er seine Frau wirklich gerne mag, aber er mittlerweile nur noch in der Angst lebt, keinen hochzubekommen, wenn es an die Erfüllung der ehelichen Pflichten geht. Diesem Typen geht es jedenfalls überhaupt nicht gut, das habe ich gleich zu Beginn bemerkt. Andere, die so ähnlich leben wie er, sind da völlig cool. Die ziehen das einfach durch und spalten den gelegentlichen Sex mit Männern komplett ab. Aber der hier, der geht kaputt, wenn er so weitermacht, da helfen dann auch keine Tabletten mehr.

Es sind aber auch Momente wie diese, an denen ich ebenfalls abriegeln muss, eine Grenze ziehen muss. Ich bin nun mal kein Therapeut, sondern ein Escort. Klar, ich kann ihm mal eben zuhören, und er kann mir wie verabredet einen blasen und sich dabei einen runterholen, damit er wieder eine Weile Ruhe hat, aber mehr kann ich nicht tun für ihn. Soll ich ihm Kalendersprüchlein mit auf den Weg geben: »Folge deinen Träumen«? Am Ende muss er doch selbst wissen, wie er sein Leben leben möchte, auch wenn ich verstehen kann, dass genau diese Frage nicht immer leicht zu beantworten ist.

Blasen kann er jedenfalls nicht. Vielleicht ist das auch kein Wunder. Nachdem er gekommen ist, verabschiede ich mich und wünsche ihm alles Gute. Auf dem Parkplatz ist es derweil voller geworden, man sieht einzelne Gestalten in Umrissen, die im Gebüsch verschwinden, in der Nähe rattert das Kühlaggregat eines Lkw.

21 Die zweite Haut

Als Kind mochte ich es nicht, wenn wir irgendwo zu Besuch waren und die Gastgeber eine Ledercouch hatten. Die waren immer irgendwie kalt und ungemütlich. Im Sommer, wenn man kurze Hosen anhatte, klebte man mit der Haut am Leder. Heute trage ich in der Regel keine kurzen Hosen und mag Ledersitze – im Auto. Der Geruch, wenn man die Tür aufschließt und sich hinter das Steuer setzt, das leise Knarzen der Bezüge: edel.

Bei anderen Leuten schlägt diese – in meinem Fall eher zurückhaltende – Sympathie gegenüber einem hochwertigen Werkstoff um in totale Hingabe. Zum Beispiel bei Harry, einem Stammkunden von mir. Seine Bettwäsche ist aus Leder. Seine Unterwäsche auch. Er trägt Lederhosen, Lederjacken und Lederhemden. Ich weiß nicht, wo das in seinem Fall noch enden wird, irgendwann wird seine ganze Wohnung aus Leder bestehen, ich entdecke bei jedem Besuch neue Dinge aus Leder, fehlt nur noch ein Lederbezug für den Toilettendeckel.

Harry ist der extremste von allen Lederfetischisten, die ich kenne. Harry – Harald – ist überhaupt ein bisschen extrem, und das wird mit der Zeit auch nicht besser. Seine sexuelle Obsession wuchert wie ein außer Kontrolle geratener Tumor. Ein Tumor, der nur noch durch die Tatsache gebremst wird, dass Harry im Berufsleben steht und jeden Morgen im Anzug in sein Büro muss. Ich glaube, das rettet ihn vor der totalen Verlederung – und befördert diese zugleich, denn ein Lederfetisch kostet, Stichwort hochwertige Werkstoffe, ganz schön viel Geld.

Auch ich habe natürlich eine Lederhose, die gehört zum Repertoire meiner Arbeitskleidung, schließlich ist der Lederfetisch noch immer weit verbreitet, auch wenn er von immer neuen Moden überlagert und zum Teil verdrängt wird. Ich glaube, die Hochzeiten des Lederfetischismus waren in den Achtzigern – oder schon in den Siebzigern? Die Bilder hat man ja im Kopf, die Schwulenszene bestand seinerzeit häufig aus »Lederkerlen«, die auf extrem männlich machten.

Für Harry ist es wichtig, »kerlig« zu sein, das ist ihm ein existentielles Anliegen und Sehnsucht zugleich – er möchte sein, was er begehrt. Aber sonst hat er auch nicht viel in seinem Leben. Er ist alleinstehend und HIV-positiv. Er lebt damit schon sehr lange, er hatte Glück und hat überlebt, bis Mitte der Neunzigerjahre die sogenannte Dreifachkombinationsprophylaxe eingeführt wurde, ein Sammelsurium diverser Tablettencocktails, die in der Lage sind, das Virus in Schach zu halten. Da Harry seine Therapie mit der ersten Generation der Aids-Medikamente beginnen musste, leidet er unter Fettumverteilungsstörungen, seine Wangen sind extrem eingefallen, da das subkutane Fettgewebe, bedingt durch Stoffwechselstörungen, von dort abgezogen und stattdessen an seinem Bauch abgelagert wurde. Doch ansonsten wirkt er gesund und munter. Er ist auch ein netter Kerl, und ich habe gerade in seinem Fall überhaupt keine Berührungsängste.

Ich meine, ich muss theoretisch bei jedem Kunden, bei jedem Sexualpartner damit rechnen, dass er positiv ist, Syphilis hat oder eine Hepatitis C mit sich herumschleppt, ohne davon zu wissen oder ohne auf die Idee zu kommen, mir dies mitzuteilen. Man muss sich selbst schützen, so sieht es nun mal aus. Im Fall von Harry weiß ich Bescheid, er hat es mir von Anfang an gesagt, und da er schon lange Medikamente nimmt, ist seine Viruslast in den Körperflüssigkeiten unter der Nachweisgrenze, das heißt also so gering, dass die Wahrscheinlichkeit, sich anzustecken, vergleichsweise gering ist – wobei ich aufgrund meiner aktiven Rolle mit den Körperflüssigkeiten anderer wenig zu tun habe. Die wenigsten Schwulen, Bisexuellen – und vor allem Heteros im allgemeinen – wissen um die tatsächlichen Risiken. Aus meiner Beobachtung hat sich die ganze Aufklärungsarbeit der Aids-Hilfe und der Gesundheitsämter kaum in der Öffentlichkeit niedergeschlagen. Will sagen: Die Leute haben einfach keine Ahnung. Sie wollen davon, glaube ich, auch nichts wissen. Mir scheint, dass sich jeder einzelne so eine private Verdrängungshypothese zusammengebastelt hat, je nach Neigung. Die Heteros denken, das alles betrifft doch nur die Schwulen. Die Homos denken, dass es nur ältere oder nur passive oder einfach immer nur die anderen betrifft.

Ich habe zum Glück schon früh in meinem Leben HIV-positive Männer kennengelernt und mich dadurch mit dem Thema auseinandergesetzt. Und das muss man auch, gerade als Profi. Klar gibt es schwule Männer, die mindestens so viel Sex haben wie ich, aber trotzdem: Profi kommt von professionell, und dazu gehört, sich regelmäßig untersuchen zu lassen und entsprechende Vorsichtsmaßnahmen zu ergreifen. Natürlich ist mein Risiko, mich bei einem Kunden anzustecken, geringer, weil ich prinzipiell nur aktiv agiere, ich blase nicht, ich schlucke kein Sperma. Und dennoch, wenn ich jemanden aktiv ficke ohne Gummi, bin ich gefährdet wie jeder andere auch. Ganz abgesehen von der Hepatitis C, deren Übertragung viel leichter ist als die von HIV – und einen Impfschutz gibt es nur gegen die vergleichsweise harmlosen Varianten A und B. Aber generell: Hat die Syphilis seinerzeit, also in der »guten alten Zeit«, verhindert, dass die Leute scharenweise ins Bordell gerannt sind? Keineswegs. Die Syphilis ist heute kein Problem mehr, aber Geschlechtskrankheiten wird es immer geben.

Wenn ich zu Harry komme, ist das für mich fast schon so, als ob ich einen alten Kumpel besuche. Dass gleich noch eine Sexsession ansteht, na gut, das ist für mich eben Pflicht, die Gespräche danach, das nette Beisammensein die gemütliche Kür. Er interessiert sich zum Beispiel für alte Kriminalfilme aus den Sechzigern und liest gerne und viel, er hat auch immer was zu erzählen. Das finde ich wesentlich anregender, als ihn in einer stillgelegten Fabrikhalle auszupeitschen, so wie im letzten Monat. Wir lassen uns meistens etwas Neues einfallen, und das geht auch problemlos, weil wir uns zwar regelmäßig, aber eben nicht ständig sehen. Wir waren schon unter Spreebrücken in Berlin-Mitte, in einem etwas merkwürdigen Cruising-Gebiet in Berlin-Lichtenberg, wo sich des Abends dunkle Gestalten in einer ehemaligen, nun dem Verfall preisgegebenen Schule trafen und ich fast in ein riesiges Loch im Fußboden gefallen wäre, das man in der Dunkelheit nicht erkennen konnte.

Heute, so hat Harry angekündigt, hat er jedoch eine ganz spezielle Idee, die er mir vorhin am Telefon noch nicht verraten wollte. Er bittet mich, Platz zu nehmen auf der Ledercouch. Auf dem Tisch stehen Cola und eine Literflasche Bourbon.

»Mein Lieber, ich möchte dir einen Vorschlag unterbreiten, der dich vielleicht ein bisschen erschreckt, der mir aber sehr am Herzen liegt«, eröffnet Harry das Gespräch, und ich denke nur: »Au weia, was kommt denn jetzt wieder Abgedrehtes?

Auspeitschen mit Weihnachtslametta? Ihm einen Wasserhahn in den Anus schrauben?«

Ich bin ja einiges gewohnt, nach meinen Erfahrungen erschreckt man sich nicht mehr so leicht. Aber das, was Harry nun von mir will, sprengt dann doch meinen Rahmen, nicht nur aus Ekel oder Horror, sondern eher aufgrund der zugrunde liegenden Tragödie, die solche Wünsche aufkommen lässt.

»Ich sage dir jetzt einfach mal, was ich mir vorstelle: Mein Traum, mein absoluter, endgültiger Traum, das ist die Vorstellung, dass du, mein Lieber, mir die Haut abziehst, aus dieser eine Hose und eine Jacke anfertigen lässt und diese dann für den Rest deines Lebens an dir trägst. Ich weiß, das ist in mehrfacher Hinsicht ziemlich krass für dich jetzt. Und ich kann mir auch vorstellen, dass du nicht das Gleiche für mich empfindest wie ich für dich. Die Wahrheit ist, dass ich schon seit langem in dich verliebt bin. Die Wahrheit ist, dass du der einzige Mensch auf der Welt bist, bei dem ich mich aufgehoben, geborgen fühle. Ich habe dir das nie so gesagt, aber ich sage es dir jetzt. Ich möchte nicht mehr leben, ich möchte deine zweite Haut sein, für den Rest deines Lebens.«

So einen Antrag hört man nicht alle Tage, und alles, was ich jetzt brauche, steht auf dem Tisch vor mir. Ich brauche jetzt ein wirklich großes Glas Bourbon, und auf die dazugehörige Cola kann ich locker verzichten.

»Mein lieber Harry«, fange ich an und weiß eigentlich gar nicht, was ich sagen soll, sage aber dann, glaube ich, einfach das, was jeder vernünftige Mensch sagen würde: »Und hast du dir mal überlegt, wie das vonstatten gehen soll? Und vor allem: Welche Konsequenzen das bitte für mich hätte?!«

Darauf hat Harry so gar keine Antwort. Es scheint ihm ziemlich egal zu sein, ob mich eine solche Lederkluft ins Gefängnis bringen könnte. Es ist doch ein intelligenter, gebildeter Mensch, der mit einem solchen Anliegen an mich herantritt. Stich mich ab, ziehe mir die Haut ab und lass mich deine Hose sein. Mit Schaudern denke ich an den »Kannibalen von Rothenburg«, so ähnlich muss das passiert sein, zwei Menschen steigern sich allmählich in ein Spiel, das nach und nach außer Kontrolle gerät. Bis irgendwann aus dem Spiel Ernst wird, mit allen Konsequenzen.

Mir wird in diesem Moment mal wieder bewusst, welche tatsächlichen Dramen zum Teil Ursache für solche »Spiele« sind, die ich mitspiele. Missbrauch im Kindesalter, Misshandlungen aller Art, Lieblosigkeit, emotionale Verwahrlosung, Selbsthass – all diese Dinge, all dieser Psychokram, der die Leute so unter Druck setzt, dass sie nach einem Ventil suchen. Und das kann ich ja auch machen, das Ventil spielen. Aber ich möchte nicht, dass mir gleich der ganze Kessel um die Ohren fliegt. Und das sage ich Harry auch in aller Klarheit: »Harry, mach's gut.«

Als ich seine Wohnung verlasse, überkommt mich ein irrsinniges Gefühl der Erleichterung. Und gleichzeitig bin ich traurig. Ich trauere um Harry, um einen Menschen, den ich eigentlich richtig gerne mag. Und für den ich derjenige war, von dem er sich am ehesten vorstellen konnte, vernichtet zu werden.

22 Wir gehen ins Pornokino

Ich liege mal wieder auf meinem Sofa, und draußen vor dem Fenster regt sich eine Ahnung, aber nur eine Ahnung von Frühling. Was nicht bedeutet, dass ich Lust hätte, deshalb vor die Tür zu gehen. Im Gegenteil. Ich greife zur Fernbedienung, im Hessischen Rundfunk läuft *Die Familie Heinz Becker*, und ich finde das, wie schon bei Hape Kerkeling, wieder überhaupt nicht komisch, weil ich ahne, dass es solche Leute im richtigen Leben gibt. Leute, die genau so drauf sind. Das ist beängstigend, viel beängstigender als Leder-Harry. Vielleicht aber auch nur beängstigend für mich, weil mir diese kleine, piefige, aber auch total bodenständige Spießerwelt so fremd geworden ist.

Manchmal komme ich mir dann eben doch so vor, als lebte ich auf einem anderen Stern. *Der kleine Prinz*, das Buch mochte ich als Kind – ob ich das noch irgendwo finde? »Du bist zeitlebens für das verantwortlich, was du dir vertraut gemacht hast.« Der Satz geht mir nicht mehr aus dem Kopf, aber eigentlich ist er nur ein versprengtes Bruchstück in meinem gedanklichen Chaos. Ich gehe erst mal in die Küche, um ein wenig aufzuräumen.

Dann grunzt ein Schwein. Das bedeutet, dass mich jemand angechattet hat. Nachdem ich die Gläser von gestern Abend abgespült habe – ein Freund war noch hier gewesen, und wir hatten einen schönen Abend gehabt, unsere Witze gerissen –, schaue ich nach, welches Schwein das gerade war. Wie es ausschaut ein mittelschwerer Exhibitionist, also nicht jemand wie im Comic, der im Trenchcoat durch den Park läuft und dann blitzartig Passanten seinen Puller präsentiert. Dieser hier will einfach nur von anderen beobachtet werden, während er gefickt wird.

»Na, auf welche Zuschauer stehst du denn?«, frage ich ihn – man kann das ja nicht wissen, vielleicht träumt er davon, im Foyer der Deutschen Oper penetriert zu werden.

»Kennst du das Pornokino in der Bismarckstraße?«, kommt es zurück.

Ich mag diese Pornokinos nun wirklich nicht, privat würde ich da nie hingehen.

»Um 21 Uhr?«, frage ich zurück.

Abgemacht.

Ich bin jedenfalls pünktlich. Sieben Euro Eintritt, eigentlich acht, habe ich in den Geldschlitz an der Drehtür geworfen, der blöde Automat wechselt nicht, und da fängt doch die unseriöse Abzocke schon an. Bei solchen Dingen bin ich empfindlich. Wenn der Typ mich jetzt verarscht hat, habe ich acht Euro ausgegeben, um zusammen mit merkwürdigen Gestalten schlechte osteuropäische Pornos anzuschauen. Man sitzt im Sessel, vor sich auf dem Tischchen steht eine Schachtel mit Kleenex. Zum Abputzen, wenn man fertig ist. Und so läuft es dann auch im Pornokino. Ich bin kein Kind von Traurigkeit, aber das finde ich schon irgendwie eklig.

Andererseits passiert hier gerade etwas vor meinen Augen, das ich erst mal gar nicht für möglich gehalten hätte – ich meine, man kennt solche Szenen vielleicht aus Erotikmagazinen im Privatfernsehen, aber doch nicht aus dem richtigen Leben. Jedenfalls kommt tatsächlich eine Blondine hineingestakst. Eine Frau, und zwar eine richtige. Woher ich das weiß? Weil sie nichts außer einer Augenbinde trägt und sich vor der Leinwand des Kinosaals auf ein Podest legt. Dann fängt sie an, sich mit ihrer rechten Hand – vor aller Augen – zu befriedigen. Ein Typ ist ihr gefolgt, steht neben ihr und onaniert. Es dauert nicht lange, und noch andere Typen aus dem Kino stellen sich dazu und wichsen ebenfalls. Sonst nichts. Kein Vögeln oder so.

Endlich kommt der Typ, mit dem ich verabredet bin, er setzt sich, wie verabredet, neben mich, hinterste Reihe rechts.

»Da bist du ja, aber ich glaube, unser Platz ist besetzt«, sage ich feixend und zeige nach vorne.

»Ach die Olle, die ist öfters hier«, sagt er genervt.

»Ach, und sonst liegst du dort auf dem Podest?«, frage ich kichernd.

Die besten Filme in diesem Pornokino scheinen jedenfalls nicht auf der Leinwand zu laufen. Er muss nun selbst lachen.

»Ja, gerne, aber bei mir kommen leider sofort alle, um sich an mir aufzugeilen.«

Jetzt lachen wir gemeinsam, aber natürlich leise, um die anderen vorne nicht zu stören. Tatsächlich hat Sexualität ja viel Komisches an sich. Aber respektvoll sollte man natürlich bleiben, auch wenn das, was einem da geboten wird, nicht den eigenen Vorstellungen entspricht. Wenn ich mir das näher überlege, ist es hier gar nicht so anders als in einem normalen Kino. Dort sitzt man ja auch mit wildfremden Menschen in einem Saal, Sessel an Sessel, man lacht zusammen, weint zusammen, Pärchen knutschen oder streicheln sich im Dunkeln. Das Kino ist doch eigentlich ein intimer Ort. Warum also nicht gleich gemeinsam wichsen?

Schluss
Mal raus hier

Vielleicht sollte ich das Angebot eines Kollegen annehmen und mal für ein paar Wochen nach Paris gehen – wir würden einfach unsere Wohnungen tauschen, das machen viele Escorts so. Er könnte in Berlin ein schönes Geschäft machen, ein hübscher Araber, ein »beur«, wie man in Frankreich sagt, so viele davon sind in Berlin nicht im Einsatz. Und umgekehrt gibt es in Paris nicht so viele »Türken« wie in Berlin, für uns beide könnte das also eine Win-win-Situation sein, wie auch für die verehrte Kundschaft, die ja doch immer auf der Suche nach Abwechslung, Thrill und Exotik ist. Die Kunden sind wohl auch insgesamt ein bisschen überfüttert von der Konsumgesellschaft – wie wir alle. Und so begegne ich dem ganzen Spektrum von »Geiz ist geil« bis zum »Last-Minute-Date« morgens um vier. Mal stehen sie auf solide deutsche Hausmannskost, mal auf Döner oder Falafel oder Pizza, mal auf light, mal auf »Extra Cheese«.

Eigentlich ist das alles ganz banal, was ich hier so mache. Ich stehe ja auch tatsächlich nicht morgens auf, blicke in den Spiegel und denke: »Oh, mein Gott, was bist du verkommen und abgedreht, du gehst auf 'n Strich.« Nein, es gibt sogar

Tage, an denen ich mich fast so fühle, als hätte ich wie alle anderen auch einen langweiligen Job im Büro oder in der Fabrik oder einer Agentur. Etwa wenn ich ins Auto steige, draußen ist es kalt, und eigentlich viel lieber auf der Couch liegen bleiben würde. Wenn ich dann durch die Gegend fahre und Radio höre, irgendwann beim Kunden ankomme und ich zum gefühlt hunderttausendsten Mal einen geblasen bekomme. Ich meine: Wie fühlt sich denn ein Versicherungsvertreter? Der ist doch auch ständig bei fremden Menschen in fremden Wohnungen, erzählt das gleiche Zeug, hört das gleiche Zeug. Aber Paris, das wäre doch mal eine Alternative – warum sollen eigentlich immer nur die anderen in den Genuss von Exotik kommen, wieso muss ich immer die Ananas machen? Paris! Das einzige Problem ist, dass ich kein Französisch spreche. Ausgerechnet. Wo ich es doch so gerne französisch mag.

Stattdessen lande ich im »Ficken 3000«, einer Homo-Bar in Berlin-Neukölln, Nähe Hermannplatz. Zufällig, spontan, weil ich mich langweile und vorbeigefahren bin. Und weil ich ewig nicht mehr hier war. Ich bin etwas nervös, als ich vor der Tür stehe und klingele, weil ich hier vor Jahren mal rausgeflogen bin. Ich hatte aufgelegt und war irgendwann vermutlich ein bisschen zu überdreht gewesen, jedenfalls hatte ich damals Streit mit dem Chef – aber der ist heute nicht da, wie ich sehe, als ich am Tresen ankomme, um meine Jacke abzugeben. Vielleicht hat inzwischen längst der Besitzer gewechselt. Ich merke mal wieder, wie lange ich schon auf der Piste bin, unterwegs im Nachtleben. Obwohl es hier im wesentlichen immer noch so aussieht wie vor fünf Jahren, eine schauerlich fiese Deko mit an die Wand genagelten CDs, Plüsch, Sitzrondells und »Bad-Taste-Music«, die im Hintergrund läuft. Der Laden hieß vor dem Millenniumswechsel übrigens Ficken 2000 … wirklich wahr.

Ich setze mich ganz alleine in eine Ecke am hinteren Ende der Bar, wo es in Richtung Darkroom geht. Ein Ort, der für manche Leute faszinierend sein mag, der mich aber so gar nicht interessiert. Ein Keller, in dem Menschen im Dunkeln und ohne ein Wort miteinander zu wechseln ihre sexuellen Sehnsüchte und Bedürfnisse ausleben. Toll. Was für die einen ein Abenteuer, ist für mich einfach nur ein schlecht riechender Keller.

»Bist du Türke?«, spricht mich ein Typ an, der sich mit einem Glas Hefeweizen in der Hand an mich heranwanzt.

Ganz entgegen meiner Art ignoriere ich ihn einfach, ich möchte jetzt mit mir alleine sein. Ich möchte nachdenken, und dieser Laden hier in all seiner Trashigkeit scheint mir ein guter Ort dafür zu sein. Ein guter Ort, um sich die Frage zu stellen: Was mache ich hier eigentlich?

Und wie soll's eigentlich weitergehen? Ich sehe mir die alten Herren an, die an der Bar sitzen und sich ein Bier nach dem anderen auf die Hüften trinken. Reifer werden, erwachsener werden, das ist vielleicht gar nicht so schlimm. Aber älter werden? Was ist denn das für eine Erfindung? Irgendwann komme ich in das Alter meiner Kunden – und dann? »Jugend ist ein Kapital«, das habe ich mal irgendwo gelesen, in einer Zeitschrift wahrscheinlich. Ein Satz, der mich manchmal nervös macht und dem ich dann aus dem Weg gehe. So wie man manchmal Angst hat, sich seinen Kontostand anzuschauen, und die von der Bank zugeschickten Ausdrucke ungelesen in den Müll wirft.

Ich bin nun dreißig Jahre alt, und es ist bestimmt so, dass ich in meinem Leben schon sehr viel gesehen und erlebt habe, sicher mehr als mancher andere, ja wahrscheinlich als die meisten. Aber eine Frage, die stellt sich mir nun immer häufiger: Was fange ich mit diesen Erfahrungen an? Was mache ich damit? Und wie geht es weiter in meinem Leben?

Manchmal habe ich den Eindruck, dass ich in den letzten zehn Jahren meines Lebens immer nur auf den Wellenkämmen gesurft bin, was natürlich eine Menge Spaß gemacht hat. Auf den Wellenkämmen surfen, das bedeutet, nicht im Wasser zu sein wie alle anderen und schwimmen und strampeln zu müssen. Manchmal habe ich das Gefühl, dass diese Zeit für mich langsam vorbei ist. Aus. Schluss. Ich habe es zwar immer geschafft, mich vor bestimmten Dingen zu drücken, doch nun bekomme ich wahrscheinlich die Quittung dafür, eine Scheißerkenntnis, aber unausweichlich. Ich habe keine Ausbildung, keinen anerkannten Beruf. Durch meine Lebensweise fällt es mir mittlerweile ungeheuer schwer, mir auch nur vorzustellen, in einem regelmäßigen, an feste Zeiten gebundenen Arbeitsverhältnis zu stehen. Mit einem Chef womöglich, der mir Ansagen macht, was ich zu tun habe. Ogottogott.

Vielleicht sollte ich wirklich mal eine Zeitlang ins Ausland gehen. Oder für ein, zwei Jahre in ein Dorf ziehen. Einfach, um Abstand zu bekommen. Vielleicht, nein, mit Sicherheit war ich in letzter Zeit, im wahren Sinne des Wortes, zu dicht dran an den Menschen. Und das hat mir nicht immer gutgetan. Ich kann nichts dafür, aber ich kann eigentlich keinem Menschen mehr auf dieser Welt vertrauen. Was wahrscheinlich Quatsch ist, aber ich fühle nun mal so. Es gibt Momente, in denen ich einfach nur noch der festen Überzeugung bin, dass die Menschheit ausschließlich aus egoistischen Arschlöchern besteht. Nur auf ihren Vorteil bedacht, nicht in der Lage, sich auf ihr Gegenüber einzustellen. Noch trauriger ist nur die Erkenntnis, dass man sich auch nicht darüber wundern muss, wenn einen Menschen nicht aufrichtig und vertrauensvoll behandeln, wenn man sie für ihre aufrichtigen, innersten Bedürfnisse zur Kasse bittet. Wenn man sie für ihre Sehnsucht nach Intimität und Nähe – und ja, manchmal besteht diese darin, dass sie ausgepeitscht und erniedrigt werden wollen – bezahlen lässt. Bar. Sie wollen es ja so, was soll ich machen? Aber es muss einen Grund geben für das Unbehagen, das ich mittlerweile empfinde – sowohl gegenüber den Kunden als auch gegenüber meiner Tätigkeit. Ein Unbehagen, das sich in mir ausbreitet und mir sagt, dass ich diesen Teil meines Lebens beenden möchte.

Prostitution, auch nur ein Job. Das glaube ich am Ende nicht. So wenig, wie ich glaube, dass sie eine Sünde ist oder ein Verbrechen. Warum auch? Ich habe, glaube ich, versucht zu erklären, wie ich zu diesem »Job« gekommen bin: Es ist einfach passiert, ganz einfach so. Ich rutschte ganz locker rein, lernte, wie es geht, und machte mir erst mal keine weiteren Gedanken.

Das Nachdenken setzt erst ein, wenn eine gewisse Grenze erreicht ist, eine Schmerzgrenze, eine Obergrenze, ab der es einfach nicht mehr geht. Eben dann, wenn man es nicht mehr aushält. Aber, was ist »es«? *Was* genau halte ich nicht mehr aus? Die Lügen? Die Unaufrichtigkeit der Menschen? Vor allem die Unaufrichtigkeit der Menschen sich selbst gegenüber und anderen, und damit meine ich in erster Linie nicht mich selbst. Ich bin nämlich der erste, der diese Lügen bemerkt. Das habe ich mir antrainiert. Sie lügen sich selbst in die Tasche, dann lügen sie gegenüber ihren Partnerinnen und Partnern, ihren Familien, ihren Kollegen, ihre Mitbewohnern und von mir aus gegenüber der ganzen »Gesellschaft«. Sie lügen, weil sie Angst haben, zu dem zu stehen, wer sie sind, was sie sind und was sie ausmacht.

Warum ist es für einen jungen Handwerksmann unmöglich, dazu zu stehen, dass er nun mal auf Damenwäsche abfährt? Ich bin der festen Überzeugung, dass er eine Partnerin findet, die ihn trotzdem – oder sogar deswegen – liebt und mit ihm eine Familie gründen würde. Warum leben immer noch so viele bisexuelle und manchmal auch hauptsächlich schwul empfindende Männer versteckt? Warum können erwachsene Menschen nicht offen darüber sprechen, dass sie darauf stehen, an Socken zu schnüffeln, oder manchmal einfach davon träumen, ausgepeitscht und erniedrigt zu werden?

Sie bekennen sich nicht dazu, und ich kann das auf eine Art auch verstehen. Denn auch ich habe Angst, dass mich meine Offenheit, dass mich dieses Buch, in dem ich mich offenbare, in Gefahr bringt. Weil ich weiß, wie stark die Lüge ist. Stärker womöglich als mein kleiner Beitrag zur Wahrheit. So stark, dass sie es am Ende doch noch schafft, mich einzuebnen. Ich will nicht auf diesen Teil meines Lebens reduziert werden – Cem, der Escort. Ja, das macht mir manchmal Angst. Und ich werde dennoch niemandem den Gefallen tun, am Ende noch vor die Hunde zu gehen , wie es den Kolleginnen und Kollegen in der Literatur und im Film passiert. Am Ende scheitern sie doch, gehen unter – diese Gewissheit mag ein Trost für Leute sein, die sich stets auf der sicheren Seite wähnen, die der Meinung sind, stets das Richtige zu tun. Ich sehe überhaupt nicht ein, dass ausgerechnet ich den Wahnsinn genau dieser Leute ausbaden soll.

Vielleicht wäre es besser, weniger gefährlich für mich, wenn ich den Erwartungshaltungen, die man an jemanden wie mich hat, entsprechen würde. Nehmen wir mal an, ich würde behaupten, als Kind missbraucht worden zu sein. Obendrauf dann noch ein Schuss Integrationsprobleme aufgrund des berühmten Migrationshintergrunds, noch eine Prise »inkonsistente« Erziehungserfahrungen oder »mangelnder familiärer Halt«, fertig wäre das perfekte Opfer, das ohne viel Federlesens gleich an den nächsten Therapeuten weitergereicht werden könnte, und schwups, alles wieder in Ordnung!

Bevor ich anfing, dieses Buch zu schreiben, bereitete ich mir die bizarre Freude, ein paar Nächte lang im Internet herumzugoogeln, um mal zu schauen, was da so rumschwirrt an abrufbarem Wissen und Halbwissen. Über das Wort Prostitution bin ich jedes Mal gestolpert. Ich glaube, dass ich dieses Wort vor Beginn des Schreibens nicht ein einziges Mal in meinem Leben in den Mund genommen habe. Das Wort hört sich nach Anwalt, Gericht und Klinik an. Es hört sich kalt an, abstrakt. Es ist ein Wort wie eine Stecknadel, mit der man einen toten Schmetterling aufspießt oder einen Käfer. Und so ähnlich waren auch die Texte und Webseiten, auf die ich im Netz gestoßen bin. Zeitungsartikel, die sich meist mit Strichern befassen. Seiten von Stricherprojekten, wissenschaftliche Untersuchungen zu »Male Sex Work«. Das Thema ist entweder in Händen der Presse, wenn sich irgendein Skandal ereignet hat, oder in Händen von Sozialpädagogen. Wenn ich ehrlich bin, kann ich mit den meisten dieser Ergüsse, mit der ganzen Herangehensweise nicht allzu viel anfangen. Aber das ist vielleicht auch kein Wunder, denn ich bin ja ein »Betroffener«. Ich bin der Schmetterling, der aufgespießt wird. Gut, vielleicht ist das Bild schief: ein Nachtfalter. Dunkel und schimmernd.

Die Probleme, die ich im Moment habe, und mein Unbehagen rühren eher von meinen ganz persönlichen Erfahrungen. Sie kommen daher, dass ich das alles nicht mehr aushalten kann. Ich finde, dass die Kunden, die Freier, viel pathologischer drauf sind als ich in meinen dunkelsten Stunden nach dreitägigem Exzess ohne Schlaf. Das ist auch genau der Punkt, den ich unterschätzt habe – von den Freiern ist nämlich in all diesen Artikeln und Untersuchungen nie die Rede. Meine Beschädigungen, und die gibt es natürlich, resultieren nicht daraus, dass ich mit sehr vielen unterschiedlichen Menschen Sex hatte. Sex macht mir Spaß, nicht Angst. Sex ist für mich nichts

»Schlimmes«, nichts Bedrohliches. Sex ist für mich keine Sünde oder etwas Unanständiges, sondern etwas verdammt Schönes. Und wenn ich ehrlich bin, finde ich es auch nach wie vor in Ordnung, dafür Geld zu verlangen. In der Welt, in der ich lebe – und das ist wohl die gleiche, in der Sie auch leben –, gilt Geld als legitimes Tauschmittel für alle Formen von Dienstleistungen, für Produkte des täglichen Bedarfs, für Lebensmittel und eigentlich alles außer der Luft zum Atmen, die noch immer kostenlos ist. Also was?

Mein Unbehagen rührt wie gesagt von etwas anderem. Vielleicht könnte man den Job als Escort gut machen, wenn man wie Menschen in anderen Sozialarbeiterberufen regelmäßig Supervisionssitzungen in Anspruch nehmen würde. Wenn man geregelte Arbeitszeiten hätte. Wenn man nicht darauf angewiesen wäre, in genau jener Grauzone zu operieren, die ich beschrieben habe. Aber ich denke, das ist eben nicht realistisch, jedenfalls noch nicht. Trotz aller Bemühungen um Aufklärung, trotz aller Liberalisierung und der großen Fortschritte in der sexuellen Emanzipation bleibt unsereins in der Schmuddelecke. Die Prostitution, das Anbieten sexueller Dienstleistungen, das Auf-den-Strich-Gehen, Nutte oder Stricher zu sein, völlig egal, wie man es benennt, ist und bleibt stigmatisiert.

Und im Falle der männlichen Prostitution handelt es sich sogar um ein doppeltes Stigma – Männer, die mit Männern schlafen, nun ja, man hat davon gehört und tut ganz aufgeklärt. Wenn das gesellschaftliche Klima wirklich so liberal wäre, wenn es wirklich so wäre, dass Sexualität, gleich welcher Orientierung und Ausrichtung, kein Thema mehr wäre, dann bräuchte es unsereinen doch gar nicht mehr. Wenn es keine Verklemmungen mehr gäbe und statt der Lüge und der Angst nur noch Offenheit, Vertrauen und Mut herrschten, dann müsste niemand mehr für etwas so Menschliches wie Sex bezahlen.

Es ist verrückt. Immer wenn man den Fernseher anschaltet oder die Zeitung aufschlägt, sieht man Titten. Charlotte Roche schreibt über ihre Muschi und stürmt damit die Bestsellerlisten, in Berlin werden Kongresse zum Thema Pornographie abgehalten. Beim Abendessen im Restaurant ist es längst nichts Außergewöhnliches mehr, über Orgasmusprobleme zu reden oder zu erzählen, dass man gestern Abend tollen Sex hatte. Im Gegenteil gehört so was anscheinend inzwischen zum guten Ton. Aber in der Praxis, dann nämlich, wenn es zur Sache gehen soll und die Hosen fallen, sieht es dann doch wieder ganz anders aus. Nun meinen einige, das läge wohl daran, dass über Sex in den letzten Jahren viel zu viel geredet worden sei. Es heißt, dass der sexuelle Overkill in den Medien an der toten Hose schuld sei. Ich finde das absurd in Anbetracht des sexuellen Notstandes, von dem ich professionell profitiert habe.

Es scheint unglaublich viele Menschen in Deutschland zu geben, die zu wenig, gar keinen oder schlechten Sex haben – und die stattdessen nur darüber »reden«. Ich lasse mich in dieser Beziehung nicht täuschen: Gerade die, die in der Kneipe oder in trauter Runde am lautesten schwadronieren, hätten es am nötigsten. »Let's talk about Sex«, das bedeutet doch wohl etwas anderes als Kneipengegröle und blöde, verklemmte Witzchen? Richtig lustig finde ich das gar nicht, wenn mir Ehemänner anvertrauen, dass sie seit der Geburt ihrer Kinder nie wieder Sex mit ihrer Frau hatten. Also seit drei, fünf, zehn, fünfzehn Jahren …

Es kann ein Abenteuer sein, diesen Beruf auszuüben, und gerade als junger Mensch ist man doch an solchen interessiert. Es ist prickelnd und aufregend, ja geil, sich nicht an die Regeln zu halten. Es macht Spaß, über die Stränge zu schlagen und die Nacht zum Tage zu machen. Es ist toll, einfach in den Tag – oder eben in die Nacht – hinein zu leben und sich nicht darum zu scheren, was übermorgen ist. Es ist schmeichelhaft, wenn einen so viele Menschen begehren und bereit sind, ihr letztes Hemd dafür zu geben, damit man sich mit ihnen beschäftigt.

Ich bin zudem mit dem Wunsch nach Aufmerksamkeit, Anerkennung und Geld – dem einzigen Mittel, das einem Unabhängigkeit, also Freiheit ermöglicht – nicht wirklich alleine. Es gibt Leute, die sich zu diesem Zweck komplett zum Affen machen und zum Beispiel auf RTL vor laufenden Kameras Känguruhoden verspeisen. Es gibt Leute, die weder Stimme noch Talent haben und dennoch fest daran glauben, ein »Superstar« oder »Germany's next Topmodel« zu werden. Das ist doch wohl der große, kollektive Traum unserer Zeit: all das zu bekommen, Ruhm und Reichtum, ohne wirklich einen Finger dafür krumm zu machen, ohne steinige Wege des Aufstieges, ohne Fronarbeit und Dreck fressen. Und die Leute, die es tatsächlich geschafft haben, aus der breiten Masse herauszuragen, lassen es den Rest ganz gerne spüren – aber womöglich ist das auch eher ein Problem der nicht Herausragenden: Wer sagt denn, das nur glücklich ist, wer über dem Rest steht? Die interessantesten Begegnungen und Gespräche zwischen Menschen finden auf Augenhöhe statt, unter gegenseitigem Respekt.

Ich war an keinem Punkt meines Lebens ein junger, völlig verzweifelter Stricher, der sich keinen anderen Rat mehr wusste, als seine Haut zu Markte zu tragen. Ich war auch nicht so wie Andy, der junge Rumäne, den ich in Frankfurt getroffen habe und der mich – auf seine Weise – beeindruckt hat. Ich kann eigentlich nur von meinem Leben berichten, und so gibt es wohl ganz viele verschiedene Wege, die einen zu einem Sexarbeiter werden lassen. Sexarbeiter, Prostituierte, Stricher, all diese Wörter. Ich reite ein wenig darauf herum, weil diese Wörter ein Bewusstsein für das, was man tut, suggerieren, das in Wirklichkeit so meist gar nicht besteht. Diese jungen Rumänen und Bulgaren, »Stricher«, wissen, glaube ich, wirklich nicht, was sie tun. Sie tun es, um überleben zu können. Kann sich mal bitte jemand, nein, nicht jemand, sondern unsere tolle, offene und reiche Gesellschaft die Tragweite dieser traurigen Wahrheit klarmachen? Denkt denn ein junger Arbeiter, der aus der Ukraine nach Deutschland kommt, um für einen Hungerlohn auf dem Bau zu schuften, jeden Tag 24 Stunden darüber nach, was er hier tut? Das sind so dermaßen bürgerliche Vorstellungen, Gedanken, die man sich beim Nachmittagskaffee im schönen Einfamilienhaus oder abends beim Wein in der schicken Altbauwohnung macht.

Ich bin kein Akademikerkind, und ich stamme auch nicht aus einer Problemfamilie, ich bin tatsächlich ein ganz normaler Berliner Junge, der sich irgendwann, vielleicht recht früh, von seiner Kindheit verabschiedet hat, um dann herauszufinden, was das Leben zu bieten hat. Und ich bin damit auch noch lange nicht fertig, bloß weil ich einen Abschnitt dieses Lebens hinter mich gebracht habe. *Fucking Germany* – ich hätte das Buch auch »Fuck the World« nennen können, denn ein bisschen war meine Haltung früher so.

Stand ich damit alleine? Keineswegs. So ist man nun mal drauf als junger Mensch: Was kostet die Welt? Man möchte sein Ding machen. Und vor allem möchte man unabhängig sein. Nicht nur vom Elternhaus, sondern eigentlich von all diesen Leuten, die immer was von einem wollen. Lehrer und sonstige Autoritätspersonen, Bürger und Honoratioren. Das habe ich ja auch eine ganze Weile gut hinbekommen – und ja, mein Vertrauen in bürgerliche Institutionen wurde durch meine Erfahrungen mit ihren Vertretern nicht gerade gefestigt. Soll ich zu einem Psychiater gehen, der dann am Ende meine Patientenunterlagen an einen Kollegen von mir weitergibt, um sich erpressen zu lassen, aus lauter Kitzel?

Ich habe mich bei diesem Psychiater mit seinen Vernichtungsphantasien einfach nicht mehr gemeldet. Irgendwann ist auch mal Schluss mit Wahnsinn. Dieser Prozess des Nicht-mehr-Könnens schreitet langsam voran, vielleicht rutscht man auch tatsächlich leichter in eine solche Tätigkeit hinein, als man wieder herauskommt. Bei mir war irgendwann der Punkt erreicht, an dem ich gemerkt habe, dass ich gar nicht so selbstbestimmt bin, wie ich denke. Dass ich abhängig bin von dem Geld der Kunden. Dass ich, wenn ich ehrlich bin, immer mehr Drogen brauche, um die Termine über die Bühne zu bekommen – was letztlich auch kein Wunder ist, wenn nicht mal die Kunden nüchtern dazu in der Lage sind.

Und am Ende ist es ganz einfach die Physis, die einem eine klare Grenze setzt. Früher, in der Zeit des House of Boys habe ich immer gesagt: Mein Schwanz macht die Termine. Und das stimmte ja auch, denn wenn man nicht in irgendeiner Weise geil ist, geht eben auch nichts. Viagra kam erst viel, viel später – und nun ist es so, dass es auch nicht mehr hilft. Und genau das finde ich wirklich phänomenal: Körperlich ist bei mir alles in Ordnung. Wenn ich privat Sex habe, denke ich nicht mal im Albtraum an Erektionsprobleme. Aber bei den Kunden wurde es zuletzt immer schwieriger. Vielleicht war das auch gut so.

Ein anderer, für mich wichtiger Schritt war ein Abend mit einem netten, jungen Mann, der in einem großen Modeunternehmen arbeitet. Wir hatten einen solchen Spaß miteinander, nicht nur auf sexueller Ebene. Ich mochte ihn gerne, wir haben so viel miteinander gelacht und uns gut unterhalten. Am Ende bin ich gegangen und habe kein Geld von ihm genommen. Ich habe ihm den Umschlag mit dem Baren freundlich zurückgegeben mit den Worten: »Von dir möchte ich kein Geld.« Das hat sich gut angefühlt.

Ich möchte, dass meine Sexualität wieder mir gehört. Ich möchte Menschen wieder vertrauen können, auch wenn ich weiß, dass genau dies auch Menschen schwerfällt, die nicht in der Sexarbeit tätig waren und ihre Erfahrungen mit dem Leben gemacht haben. Ich möchte selbstbestimmt sein, auch wenn ich weiß, dass dies gar nicht hundertprozentig möglich ist, wenn man nicht gerade als Einsiedler in einer kanadischen Waldhütte hockt. Ja, wir alle müssen uns besser verkaufen, aber in Zukunft möchte ich lieber einen anderen Teil von mir verhökern. Ich möchte nicht gerne mit Haut und Haaren aufgefressen werden. Ein bisschen mehr Trennung von Beruf und Privatleben, das ist es, wonach ich mich gerade sehne.

Am besten geht es mir, wenn ich als DJ gebucht werde. Ich freue mich dann regelrecht, mache mir schon Tage vorher Gedanken, welche Platten ich für den Abend einpacke, welche Lieder ich spielen möchte. Ich mache mir Sorgen, ob am Ende die Tanzfläche leer bleibt, das wäre ein Albtraum, denn natürlich möchte ich den Job gut machen. Meinen Job!

Ich muss mir gut überlegen, was ich in Zukunft machen möchte. Ich brauche einen Beruf, in dem ich meine erworbenen Fähigkeiten anwenden kann und meine Stärken zum Tragen kommen. Am besten würde ich dann wohl Sozialarbeiter werden. Mit Menschen kenne ich mich einfach am besten aus.

Der Typ vorne auf dem Cover, das bin ich. Ich hatte Angst, mich zu zeigen, und nun konnten Sie sich ein Bild machen. Kurz vor Beendigung des Manuskripts habe ich zum ersten Mal seit langer, langer Zeit den Schuhkarton mit den Fotos von früher und ein paar Erinnerungsstücken hervorgeholt. Ich hielt die winzige Hornbrille mit den Sicherheitsbügeln in Händen, die mich als Kind so gequält hatte. Ich erinnerte mich an die Zeit im Krankenhaus nach der Augenoperation. An das Alleinsein, dieses Gefühl, ganz auf mich gestellt zu sein, Angst zu haben. Das war womöglich das erste Mal, dass ich mit dem Grundgefühl des Lebens konfrontiert wurde. In der Kiste aufbewahrt sind auch die beiden Dinge, die seinerzeit noch in der Lage waren, mir Trost zu spenden. Ein kleines Kuschelkissen und ein Stoffhase. Ich wusste auch nicht so recht, ob ich lachen oder weinen sollte.

Als ich seinerzeit den kleinen Stoffhasen verließ, um mich in der Welt umzutun und das Leben zu erkunden, habe ich einen ganzen Lebensabschnitt hinter mir gelassen. Jetzt ist es an der Zeit, ein weiteres Kapitel zu beenden. Sie halten es in Händen. Hoffnung und Zuversicht, auch sie zählen zu den Grundgefühlen des Lebens.

Fucking Germany. Nun habe ich abgespritzt und die Schnauze voll.

»Hat Spaß gemacht. Besonderen Dank an Martin, Eugen, Beate, Menyus und Markus und an alle, von denen ich lerne.«
Cem Yildiz

BEREIT ZUR VERÄN- DERUNG.

DIE NEUE TAZ MIT SONNTAZ.

Peter Zudeick
Tschüss, ihr da oben

Vom baldigen Ende des Kapitalismus. 240 Seiten.
Klappenbroschur

Auf dem Höhepunkt der Debatte über unverschämte Mana-
gergehälter und die Gier der Reichen zeigt sich: Der jahr-
tausendealte Disput über Gerechtigkeit und Ungerechtigkeit
in dieser Menschenwelt ist wieder aktuell. Die schnelle Ab-
folge von Immobilienkrise, Finanzmarktkrise, Automarkt-
krise, Weltwirtschaftskrise hat nicht nur dafür gesorgt,
dass Karl Marx wieder senkrecht im Grabe steht, sondern
auch dafür, dass wir wieder über die Wirtschaft als solche,
den Menschen als solchen und die Gesellschaft als solche
nachdenken müssen. Reicht es denn nicht allmählich mit
dem systematischen Gemurkse, das uns schon so lange Zeit
»die da oben« – die Wirtschaftsbosse, die Politiker, »der
Staat« – als Normalität verkaufen? Ist jetzt nicht, wie so häufig in den vergangenen Jahrhunderten, die Zeit gekommen,
»Tschüss, ihr da oben« zu rufen und die Sache wieder selbst in
die Hand zu nehmen?

11/1003/01/R